Kirpal Singh

Mysterium des Todes

Kirpal Singh

Mysterium des Todes

NAAM-Verlag

Titel der Originalausgabe:
«The Mystery of Death»

Umschlaggestaltung: Heide Birkelbach, Wangen
Druck und Verarbeitung: Pustet, Regensburg

ISBN 3-923911-10-6

Inhalt

Gewidmet
Gott, dem Allmächtigen, der durch alle Meister, die gekommen sind, wirkt, und
Baba Sawan Singh Ji Maharaj, zu dessen Lotusfüßen der Autor das süße Elixier des heiligen Naam, des Wortes, aufnahm.

Der Meister Sant Kirpal Singh

Sant Kirpal Singh ist eine jener gesegneten Seelen, die kamen, um den Plan Gottes auf Erden zu erfüllen.

Er wurde am 6. Februar 1894 in einer einfachen Familie auf dem Lande im Punjab geboren. Schon in frühen Jahren zeigte er einen ungewöhnlichen Eifer darin, das Geheimnis des Lebens zu ergründen. Bald nach Beendigung seiner akademischen Laufbahn kam er zu dem Schluß, daß für ihn «Gott an erster, die Welt an zweiter Stelle» komme. Im Jahre 1924 begegnete er seinem Meister, *Hazoor Baba Sawan Singh*, auf der physischen Ebene, doch im Inneren war er bereits seit 1917 von Hazoor geführt worden.

Nach der Initiation gab er sich mit Leib und Seele dem Dienst seines Meisters hin. 1946 zog er sich aus dem Staatsdienst zurück, um sich ausschließlich der göttlichen Sendung zu widmen, die ihm sein Meister übergab, ehe dieser 1948 seinen irdischen Körper verließ. Seit dieser Zeit legte er die gleiche leidenschaftliche Fürsorge für das spirituelle Wohlergehen der Menschheit an den Tag wie sein Meister.

Im Jahre 1948 gründete er den *Ruhani Satsang* und errichtete 1951 den *Sawan Ashram* in Delhi, benannt nach seinem Meister, - eine spirituelle Stätte, wo Wahrheitssuchende jedes Standes und Glaubens, jeder Hautfarbe und Nationalität ohne Unterschied Erfahrung der Spiritualität aus erster Hand erhalten können. Sowohl im Osten als auch im Westen hat er Hunderttausende von Suchenden auf den spirituellen Pfad gestellt. Er hat eine Reihe von Büchern in Englisch und Punjabi über verschiedene Aspekte der Spiritualität geschrieben, die auch in Hindi, Urdu, Französisch, Deutsch, Spanisch, Griechisch und in mehrere andere Sprachen übersetzt worden sind. 1955, 1963 und 1972 unternahm er ausgedehnte Weltreisen, die jeweils über acht Monate dauerten. Sie brachten ein neues spirituelles Erwachen in den von ihm besuchten Ländern mit sich.

Vierzehn Jahre lang war er Präsident der Weltgemeinschaft der Religionen und berief vier Konferenzen dieser Gemeinschaft ein, die 1957 in Delhi, 1960 in Kalkutta sowie 1965 und 1970 wieder in Delhi stattfanden. In Indien und während seiner Auslandsreisen wurden ihm mehrere Ehrenauszeichnungen verliehen. Als erster Nichtchrist wurde er mit dem alten Ritterorden des Sankt Johannes von Jerusalem, Ritter von Malta, ausgezeichnet.

Er ist der Gründungsvorsitzende des *Manav Kendra* (Menschheitszentrum), einer weltweiten Organisation, die sich der Entwicklung des Menschen, dem Dienst am Menschen und dem Dienst am Land verpflichtet hat.

Er führte ein Leben vollkommener Einfachheit und stand stets auch den ganz Bedürftigen unter den Wahrheitssuchenden zur Verfügung, gleichgültig wie beschäftigt er war. Seine Lebensführung entsprach seinen Lehren, denn was er lehrt, ist mehr als ein philosophisches System, es ist eine Lebensweise, ein Zustand des Seins. Und die Richtigkeit seiner Lehren wird durch sein eigenes Leben und die Erfahrung seiner Schüler bestätigt.

Seine Mission bestand darin, alle Kinder Gottes für ein tieferes Verständnis und mehr Eintracht auf einer gemeinsamen Plattform zusammenzuführen. Seine Lehren beinhalten:

Die Einheit des Menschen - Wir sind bereits als Mensch eins. Der Mensch ist das Höchste in der ganzen Schöpfung, er steht Gott am allernächsten. Wir sind auf gleiche Weise geboren und haben dieselbe innere und äußere Form.

Der Mensch ist eine verkörperte Seele, ein bewußtes Wesen von gleicher Substanz wie Gott; als solche sind wir

Mitglieder ein und derselben Familie und einander in Gott als Brüder und Schwestern verbunden.

Der Mensch wird von ein und derselben Kraft im Körper gelenkt, die unterschiedlich benannt wird - als Gott, Wort, Name, *Ek-Onkar* und vieles mehr.

Dem rechten Verständnis dafür, daß wir als Menschen, als Seelen und als Verehrer Gottes, der beherrschenden Kraft, alle eins sind, werden die rechten Gedanken, Worte und Taten folgen. Dies wird das Reich Gottes auf die Erde bringen.

Erkenntnis des Selbst und des Überselbst - Man erkennt sich selbst nicht durch Empfindungen, Gefühle oder Rückschlüsse, die alle für Fehler anfällig sind, sondern dadurch, daß man sich mit der Hilfe des kompetenten Meisters durch praktische Selbstanalyse über die nach außen gehenden Kräfte und über das Gemüt erhebt.

Man erkennt Gott, indem man sich selbst erkennt; denn nur das Selbst kann das Überselbst erkennen. Gleiches erkennt Gleiches. Der menschliche Körper ist der wahre Tempel Gottes. Gott offenbart darin die Form von Licht und Ton *(Nad)*, das Licht, das man mit dem dritten Auge oder dem einfältigen Auge sieht, und den Ton, den man mit dem inneren Ohr hört. Diese Zeichen Gottes sind in den äußeren Tempeln und Kirchen wiederzufinden, die nach dem wahren Tempel, dem Körper des Menschen, errichtet werden.

Die Religionen und Gott - Gott schuf den Menschen, und der Mensch machte die Religionen. Die Religionen entstanden erst, nachdem die Meister ihr physisches Kleid abgelegt hatten, damit ihre Lehre am Leben erhalten bleiben sollte. Wir sind in erster Linie Menschen, dann erst kommen die verschiedenen Etiketten, die unser Körper trägt, und zwar als Hindu, Sikh, Moslem, Christ, Buddhist, Jain usw. Als solche können wir uns erst dann bezeichnen, wenn sich Licht und Ton in uns kundtun. In einem Tempel geboren zu sein, ist ein Segen; aber sich nicht über das Körperbewußtsein zu erheben, das heißt, sich selbst und Gott nicht zu erkennen, ist Sünde. Wir müssen über unsere jeweilige Glaubensgemeinschaft hinausgelangen, ohne sie zu verlassen. Wir sollten Anhänger des wahren Glaubens werden, und Gott und Seine ganze Schöpfung lieben.

Die menschliche Geburt, eine goldene Gelegenheit - Wir können Gott nur im menschlichen Körper erkennen. Um den Körper gesund zu erhalten, müssen wir ihm geeignete Nahrung, Schlaf und Kleidung geben. Wenn er vergeht, ohne daß dieses Ziel erreicht ist, verpassen wir eine goldene Gelegenheit; denn «was hilft es dem Menschen, wenn er die ganze Welt gewinnt, und doch Schaden an seiner Seele nimmt?»

Ein idealer Mensch - Möge der physische Körper des Menschen sich in voller Blüte entfalten und seine Seele von der Herrlichkeit erfüllt sein, berauscht vom tönenden Strahlenglanz Gottes, der die gesamte Schöpfung mit Liebe durchdringt und wünscht «Friede sei auf der ganzen Welt nach deinem Willen, o Herr.»

O verborgener Ton,
der in jedem Atom vibriert;

O verborgenes Licht,
das in jedem Geschöpf erstrahlt;

O verborgene Liebe,
die alle zu Einheit verbindet.

Vorwort des Verfassers

Der «Tod» ist das größte Rätsel des Lebens. Vor ihm stand die Menschheit schon seit undenklichen Zeiten. Trotz aller Versuche, sein Mysterium zu lösen, ist es so geheimnisvoll geblieben wie seit eh und je.

Die Heiligen des höchsten Ranges, die *Sant Satgurus* oder vollendeten Meister, die aus der Region der Unsterblichkeit herabkommen und immer mit dem Unendlichen in Einklang stehen, kennen die schattenhafte Natur des Todes. Sie lehren uns, daß der Tod nicht das ist, was er zu sein scheint. Er ist eine freudige, zum wiederholten Male stattfindende Geburt in ein Leben, das glückseliger ist, als wir es uns hier je erträumten. Er ist ganz wie die Sonne, die auf der einen Seite des Erdballs untergeht und auf der anderen wieder aufgeht. Sie zeigen und veranschaulichen uns den Weg, auf dem wir den scheinbar unbezwingbaren und erschreckenden Tod besiegen können und so unsere Angst davor verlieren. Dies ist die große Lektion, die wir von den Heiligen erhalten können. Sie versichern uns, daß wir nicht sterben, sondern einfach das physische Gewand des Körpers abschütteln, um in anderen Körpern weiterzuleben, in einem physischen, astralen und kausalen, und daß wir uns zuletzt erheben, um unser göttliches Wesen zu erkennen und das Einssein in Gott, dem Allbewußtsein und der Glückseligkeit, zu erleben.

Auf den folgenden Seiten wurde der Versuch unternommen, den Weg zur Lösung dieses schwierigen Rätsels in knappen und klaren Worten aufzuzeigen, so daß es für den Leser leicht verständlich ist. Diese Darstellung bietet die Möglichkeit, sich mit den schwer verständlichen esoterischen Lehren vertraut zu machen, die sich mit dem Körper und der

Seele sowie der Beziehung beider zueinander befassen. Sie zeigt auch die Methoden auf, mit deren Hilfe man das Gemüt unter Kontrolle bringen und zu einem willigen und gefügigen Instrument machen kann, so daß man das Körperbewußtsein zu übersteigen vermag. Dies gibt einen Vorgeschmack auf die eigentliche Erfahrung des Todes, die am Ende jeder von uns durchmachen muß.

Die Größe eines vollendeten Meisters liegt nicht nur darin, daß er auf der Ebene des Verstandes lehrt, sondern auch darin, daß er zugleich eine unmittelbare Ersthand-Erfahrung vom Inhalt seiner Lehre vermittelt. Die Wissenschaft der Meister ist die einzige spirituelle Wissenschaft, die sich im Laboratorium des Gemüts beweisen läßt. Sie ermöglicht Erfahrungen außerhalb des Körpers und eröffnet weite Ausblicke spirituellen Erwachens in überirdische Welten von unbeschreiblichem Glanz - und das alles, während man in seinem Körper lebt. Die Erlösung muß, um die Wahrheit zu sagen, hier und jetzt erlangt werden.

Der Weg zum Geistigen und zur Gotteskraft steht dem, der aufrichtig nach der Wahrheit sucht, immer offen. Doch der Erfolg auf dem Pfad hängt von der göttlichen Gnade ab, die durch einen Gottmenschen vermittelt wird. Wer von der Liebe zu Gott entflammt ist, wird mit Sicherheit die Mittel finden, Gott zu erreichen. Dies hängt nur von der Intensität des Verlangens ab. Wo die Liebe zu Gott rein und aufrichtig ist, kommt Er in der Gestalt eines Heiligen, um die Suchenden zu sich zu führen. Möge Sein Licht jenen den Weg leuchten, die nach dem Leben des Geistes streben, und sie zu einem menschlichen Pol führen, aus dem dieses Leben erstrahlt.

Mein herzlicher Dank gilt besonders Shri Bhadra Sena und anderen ebenso ergebenen Seelen, die in der einen oder anderen Weise mithalfen, dieses Werk herauszubringen, und die im Geist liebevoller Hingabe viele Stunden für das Manuskript aufgebracht haben.

25. August 1968 Kirpal Singh

Einführung

«Leben» und «Tod» sind Begriffe, die sich gegenseitig bedingen. Im Bereich des Relativen können wir nicht denken, sprechen und handeln, ohne eine Sache einer anderen gegenüberzustellen. Dies ist der Weg zum Verständnis dessen, was sich den Sinnen zeigt. Auf Schritt und Tritt werden wir mit einer Vielzahl von komplexen Puzzlespielen konfrontiert und müssen deshalb, um etwas davon auf der Ebene der Sinne und des Intellekts zu begreifen, bei jeder Sache ein analytisches Verfahren anwenden und die Bestandteile ordnen, sie einzeln benennen und miteinander in Verbindung bringen. Aufgrund der Beschaffenheit der Dinge und der Eigenart unseres Erkenntnisvermögens, mit dem uns die Natur ausgestattet hat, besitzen wir folglich nur ein Wissen über die Einzelteile und sehen nie das wahre Bild einer Sache in seiner Ganzheit. Da wir kein Wissen und keine Erfahrung von dem geistigen Wesen der Dinge haben, geben wir uns seit eh und je mit ihren Formen und Farben zufrieden; wir sehen ihre Eigenschaften und Merkmale, die an der Oberfläche sichtbar sein mögen, ohne in die Tiefe einzudringen, zum zentralen Lebensprinzip, das in allem dasselbe ist - trotz der Unterschiede von Masse, Dichte, Umfang, Gewicht und Gestalt dessen, was wir sehen und beobachten. Die ganze Zeit leben wir wie die *Lady von Chaillot*, nur in der Welt der Schatten, wie sie im Spiegel (des Gemüts und des Intellekts) reflektiert wird. Dabei kehren wir auch noch der objektiven Welt um uns herum den Rücken zu, ganz zu schweigen von der subjektiven Welt in jedem von uns - jener Welt der Wirklichkeit, die Wunder in sich birgt, die größer, gewaltiger, wunderbarer und herrlicher sind als alles auf der physischen Ebene.

Als im Menschen der erste Funke des Göttlichen aufzudämmern begann, also die Kraft, die alles beherrscht und alles erhält, die hinter allem Organischen und Anorganischen wirkt, da entwickelte sich das Bewußtsein von einem Prinzip, welches das Leben und die Seele des Universums ist. Dies führte im Laufe der Zeit zur Gründung verschiedener Religionen, von denen jede der Sichtweise ihres Gründers entsprach, die zudem abhängig war von den Bedürfnissen der Zeit und der Menschen, von dem Grad der Völkerverständigung und der Fähigkeit, die Lehren der Apostel, Gesandten und Propheten, die von Zeit zu Zeit zur materiellen, mentalen, moralischen, sozialen und ökonomischen Erhebung der Massen gekommen waren, anzunehmen, zu verarbeiten und sich zu eigen zu machen.

Jede Religion entspringt den besten Motiven. Die Führer religiösen Denkens sind ebenso das Produkt ihrer Zeit wie die Bedingungen, die sie zur Förderung der Massen, an die ihre Predigten gerichtet sind, schaffen. Ist dies der Fall, kann die Behauptung nicht ganz abwegig sein, daß die erhabenen Lehren der erleuchteten Lehrer für die Mehrzahl der Menschen so etwas wie soziale Religionen waren: Aufstellungen sozialer und moralischer Grundsätze, um zu bewerkstelligen, daß die Menschen in Frieden zusammenleben, anstatt in einem Zustand fortwährender Ruhelosigkeit und Angst vor dem Krieg zu leben - einem Krieg aller gegen einen und eines Einzelnen gegen alle.

Alle guten und lauteren Gedanken gehen wie die anderen Gedanken auch vom Gemüt aus. Bei den Weltlehrern hatten solche Gedanken ihren Ursprung in dem geistigen Leben, das sie führten. Es sind jedoch sehr wenige, die zu ihrer Ebene aufsteigen und aus ihren wahren Lehren Nutzen ziehen, nämlich dem praktischen Aspekt in jeder Religion, der Mystik, die den Kern ihrer Lehren bildet. So wurde dieser zentrale praktische Inhalt nur an die wenigen Auserwählten weitergegeben, während den Massen die theoretische Seite der Lehren in Form von Gleichnissen vermittelt wurde, um es ihnen zu ermöglichen, im Laufe der Zeit die wahre Bedeutung dieser Lehren zu begreifen und zu verstehen. Stößt man bis in das Innerste der verschiedenen Religionen vor, erhascht man Einblicke in die Wirklichkeit, gleichgültig wie schwach und unbestimmt diese zuweilen erscheinen, denn wir haben ja das Einsichtsvermögen ihrer Begründer noch nicht entwikkelt.

Für den gewöhnlichen Menschen blieb die Religion meistens eine Theorie, eine vom Verstand her gedeutete Theorie, die sein Schicksal günstiger gestalten und einen besseren Menschen aus ihm machen sollte - ein besseres Mitglied der sozialen Ordnung, der er angehörte, einen wahren Staatsbürger, versehen mit den entsprechenden Rechten und Pflichten, mit einer Verantwortung für Gesellschaft und Familie, für deren Erfüllung er so gut ausgerüstet war.

Alle Tugenden, alle Handlungen, alle Wissenschaften, Zünfte und Künste einschließlich der Staatskunst, des Priesterstandes und des Adels haben in unterschiedlichen Graden ihr Fundament in dem kleinsten gemeinsamen Nenner, nämlich der ihnen zugrundeliegenden allumfassenden Wahrheit, wie die Menschen sie von ihren Vorfahren übernommen haben. Folglich sehen wir eine Vermischung von Religion mit sozialen und moralischen Verzierungen, die sie für die Allgemeinheit vorzeigbar und annehmbar machen sollen. Dies ist die Seite der Religion, die der sozialen Ordnung eines Volkes eine feste Basis schafft.

Gehen wir einen Schritt weiter, kommen wir zu einem weiteren Inhalt der Religion, zu den moralischen Tugenden, die sich auf unterschiedlichem Niveau äußern: als Riten und Rituale, als Bräuche und Gebete, in Entbehrungen und

Bußen, als Nächstenliebe und Mildtätigkeit, in Beschwörungsformeln zur Beschwichtigung und Bändigung unversöhnlicher Mächte und in Bittgebeten an wohlgesinnte Kräfte um Hilfe und Beistand in Zeiten der Not.

Nicht zuletzt zu erwähnen sind die *Yogis*[1] und *Yogishwars*[2], die, wie wir gleich sehen werden, in den Yoga-Disziplinen sehr erfahren sind. An der Spitze ihrer Hierarchie stehen die Meister-Heiligen, vollendete Wesen oder Gottmenschen, die über die Kraft und den Geist Gottes nicht nur reden, sondern sie auch in den von ihnen Eingeweihten offenbar werden lassen und den einzelnen Seelen eine bewußte Verbindung damit geben. Es muß zu ihrer Ehre gesagt werden, daß sie die wahre Religion vertreten und dem Wortsinn und der Praxis nach wahrhaft religiös sind, da sie den Menschen wieder mit seinem Schöpfer verbinden.

Die Lehren der Meister machen keine Institution aus ihrer Religion, als welche sie allgemeinhin verstanden wird. Hier handelt es sich um eine regelrechte Wissenschaft, um die Wissenschaft der Seele. Wer immer diese Wissenschaft nach den Anweisungen der Meister gewissenhaft ausübt, erlangt die gleichen Erfahrungen und kommt zu denselben Ergebnissen, ungeachtet dessen, welcher Religion oder Kirche er angehört: ob dem nicht-reformierten oder dem reformierten Teil der anglikanischen Kirche, ob der römisch-katholischen Kirche, der Episkopalkirche oder der presbyterianischen Kirche.

Die Wissenschaft der Seele bildet den Wesenskern aller Religionen. Sie ist das Fundament, auf das sich alle Religio-

[1] *Yogi*: Yoga-Übender

[2] *Yogishwar*: Meister des Yoga, der mit Hilfe spiritueller Übungen das Ende der 2. Ebene erreicht hat

nen gründen. Die Meister lehren, daß es sieben Ebenen gibt: *Pind*[3], *And*[4], *Brahmand*[5], *Par Brahmand*[6], *Sach Khand*[7], *Alakh*[8] und *Agam*[9]. Und über dem gesamten Kosmos gibt es die achte Ebene, die von den Heiligen unterschiedlich bezeichnet wird: als *Anami* (Namenlos), *Maha Dayal* (Herr der Barmherzigkeit), *Nirala* (der Wunderbarste) oder *Soami* (der Herr von allem). Den von den Meistern Eingeweihten werden kurz die Unterscheidungsmerkmale der ersten fünf Ebenen und die charakteristischen Töne und Arten des Lichtes, die auf jeder Ebene herrschen, beschrieben und die Namen der herrschenden Kräfte genannt.

Der Initiierte, dem es gelingt, die erste Ebene zu überqueren, wird Schüler (*Sadhak*) genannt. Und derjenige, der die zweite Ebene durchschreitet, wird als «disziplinierte Seele» (*Sadh*) bezeichnet. Wer in der dritten Ebene (*Par Brahmand*) von seinen Wünschen und Sehnsüchten reingewaschen wird, wird «gereinigte Seele» (*Hansa*) genannt, und wer weiter aufsteigt, «unbefleckte Seele» (*Paramhansa*). Wer die fünfte Ebene (*Sach Khand*) erreicht, wird als *Sant* oder *Heiliger* bezeichnet. Und ein Heiliger, der vom Höchsten Wesen den Auftrag hat, die Wahrheit zu lehren (*Shiksha*) und sie vorzuleben (*Diksha*), heißt *Sant Satguru* oder *vollendeter Meister*; er ist ermächtigt, die Seelen (*Jivas*) in das Jenseits zu führen, in ihre endgültige Heimat, das Reich Gottes.

Yoga bedeutet die Verbindung der Seele mit der Überseele oder der Gotteskraft. Es gibt so viele Yoga-Arten: *Mantra-*

[3] *Pind*: physische Ebene

[4] *And*: 1. spirituelle Ebene; Astralebene, zwischen Pind und Brahmand

[5] *Brahmand*: 2. spirituelle Ebene; das gesamte Universum, über das Brahman herrscht

[6] *Par Brahmand*: 3. spirituelle Ebene jenseits von Brahman

[7] *Sach Khand*: 5. spirituelle Ebene, die unzerstörbare Wohnstatt der Wahrheit

[8] *Alakh*: 6. spirituelle Ebene, unbeschreibbar

[9] *Agam*: 7. spirituelle Ebene

Yoga, *Hatha Yoga*, *Ashtang Yoga*, *Karma Yoga*, *Bhakti Yoga*, *Jnana Yoga*, *Raja Yoga*, *Laya Yoga* und ähnliche. Diese Yoga-Disziplinen befassen sich mehr oder weniger mit der Schulung des physischen Körpers, den nach außen gehenden Kräften, dem Gemüt und dem Intellekt. Sie haben den Zweck, einen gesunden Geist in einem gesunden Körper zu sichern, um dadurch Gesundheit, körperliches Wohlbefinden und ein langes Leben zu erlangen. Jede dieser Yogaarten hat ihren eigenen Wirkungs- bereich und ihr eigenes Ziel. Doch all diese verschiedenen Yogaarten sind nicht isoliert voneinander, sondern dienen gemeinsam dazu, den Menschen zu integrieren, um eine Ganzheit und eine ungeteilte Persönlichkeit aus ihm zu machen. (Zur genaueren Untersuchung dieser Gebiete sei auf «Die Krone des Lebens» hingewiesen, worin dieses Thema ausführlich behandelt wird.)

Es gibt noch eine weitere Yogaart, den *Surat Shabd Yoga*[10] oder die Verbindung mit dem Heiligen Wort, dem Tonstrom. Er geht an die Wurzel aller Religionen, wird jedoch von den Theologen nicht richtig verstanden. Er bringt den Übenden zum höchsten Ziel, zu *Anami* oder dem Namenlosen Absoluten, der hinter der gesamten Schöpfung steht, als ihre materielle und wirkende Ursache ohne Ursache. Als das Meer des reinen Bewußtseins zu wogen begann, kam der Gestalt- und Namenlose Absolute in vielfältigen Formen mit vielen verschiedenen Namen durch die Kraft Seiner eigenen Vibrationen zum Ausdruck; der dabei erzeugte Klang wurde Heiliges Wort genannt. Gegenstand der Mystik ist, wie man in unmittelbare Verbindung mit dem Geist und der Kraft Gottes, mit dem ursprünglichen Schöpfungsprinzip, dem Licht des Lebens, gelangt. Während alle Philosophien den offenbarten

[10] *Surat Shabd Yoga*: Surat heißt Aufmerksamkeit, Shabd der Tonstrom; Innere Verbindung des individuellen Bewußtseins mit der ersten Offenbarungsform Gottes, dem Tonstrom

Aspekt des Ungeoffenbarten und die Schöpfung des nichtschaffenden Prinzips behandeln, befaßt sich die Mystik mit dem ersten Schöpfungsprinzip selbst, dessen pulsierende Kraft durch Ton und Licht (*Shruti* und *Jyoti*) gekennzeichnet ist. Der Vorgang der Vereinigung mit dem Wort beginnt mit einem bewußten Kontakt mit der zum Ausdruck kommenden Gotteskraft, dem *Naam* oder Heiligen Geist, und er garantiert eine tatsächliche Erfahrung der unbeschreiblichen Glückseligkeit der höheren Ebenen, und dies nicht erst im Jenseits, nach dem Tode, sondern hier und jetzt, während man noch im Körper in der materiellen physischen Welt lebt.

Diese Schwingungen, aus denen verschiedene Arten von Tönen entstehen, leiten den Eingeweihten durch die verschiedenen Ebenen von wechselnder materieller und spiritueller Dichte und führen den Geist schließlich in die rein spirituelle Welt von *Sat Naam*, dem Reich Gottes, von wo aus die Göttliche Harmonie ausströmt. Durch sie werden die weltmüden Seelen in die wahre Heimat des liebenden Vaters, in den Himmel der Glückseligkeit, zurückgebracht. *Tulsi Sahib* sagt: «Ein Ton kommt von weit oben herab, um dich zu Gott zurückzurufen.»

Ein ähnliches Zeugnis besitzen wir von *Shamas-i-Tabrez*[11], der zu sich selbst sagt: «O Shamas, lausche der Stimme Gottes, die dich zu Ihm ruft!» *Guru Arjan*[12] sagt ebenfalls: «Der dich nach unten in die Welt sandte, ruft dich nun zurück.» Im Koran finden wir: «O Seele, kehre zum Herrn zurück, dir und Ihm zur Freude.» Ein vollendeter lebender Meister ist ein «Muß» auf dem Weg zu Gott. Im Johannes-Evangelium steht: «Niemand kommt zum Vater denn durch

[11] *Shamas-i-Tabrez*: persischer Mystiker; Meister von Maulana Rumi; starb den Märtyrertod, da er sich gegen die religiösen Rituale auflehnte

[12] *Guru Arjan*: 5. Guru der Sikhs

mich.» (Joh 14,6). Alle Meister sagen, daß es auf der Welt immer einen Meister oder «*Murshid*» gibt, der als *Qibla Numa* wirkt oder als einer, der auf *Qibla*, das Allerheiligste, das Sanctum Sanctorum hinweist, das unserer Verehrung und Anbetung würdig ist. In den *Sikh*-Schriften steht: «Im Wechsel der Zeiten folgt ein Lehrer dem anderen.» Ebenso sagt uns der heilige Lukas: «...wie er sprach durch den Mund seiner heiligen Propheten von Anbeginn der Welt.» (Lk 1,70).

Das Gesetz von Angebot und Nachfrage ist in der Natur immer wirksam. Es gibt Nahrung für die Hungrigen und Wasser für die Durstigen. Wo Feuer ist, wird es von selbst durch Sauerstoff unterstützt. Jeder Prophet und Messias führt seine Mission in der Welt dagegen nur in der Zeitspanne aus, für die er in die Welt gesandt wurde. Jesus hat gesagt: «Dieweil ich bin in der Welt, bin ich das Licht der Welt.» (Joh 9,5).

Doch wenn ein Meister seinen Auftrag erfüllt hat, wird er zurückgerufen, erhoben und verläßt die Stätte seines Wirkens auf der irdischen Ebene. In der Natur gibt es keine Leere. Die Gotteskraft kann nicht anders, als ihr Werk der Erneuerung fortzusetzen, denn das ist eine endlose Aufgabe. Während sich diese Kraft von dem einen menschlichen Pol zurückzieht, wählt sie einen anderen menschlichen Pol, um sich durch ihn in der Welt zu offenbaren und in ihr zu wirken. Einen solchen menschlichen Pol kann man als Statthalter Gottes bezeichnen. Er springt in die Bresche, schließt die Lücke und setzt das Werk fort. Es ist so, als wenn eine ausgebrannte Glühbirne durch eine neue ersetzt wird, damit das Licht weiterbrennt. Die Christuskraft oder Gotteskraft scheint durch den einen oder anderen Pol unvermindert weiter, sei es in der Gestalt von *Zarathustra*, *Konfuzius*, Jesus, *Mohammed*, *Kabir*, *Nanak*, *Annahm*, *Tulsi Sahib* oder *Soami Ji*.

Wie schon vorher erwähnt, ist die Welt nie ohne einen Meister. Nach *Soami Ji*[13] setzte *Baba Jaimal Singh Ji*[14] im Punjab die Mission seines Meisters fort, und nach ihm tat das sein erhabener spiritueller Sohn und Nachfolger *Hazoor Sawan Singh Ji*[15], dessen Gnade noch jetzt, mehr als je zuvor, über die ganze Welt ausstrahlt. Dies geschieht durch den «*Ruhani Satsang*»[16] mit seinem Hauptzentrum in Delhi - einem gemeinsamen Forum, in welchem sich von Zeit zu Zeit religiöse Oberhäupter des In- und Auslandes treffen und daran arbeiten, die Menschheit als Kinder Gottes in einer Bruderschaft zu verbinden, ungeachtet, welcher Religionsgemeinschaft sie angehören oder aus welchem Land sie kommen. Wenn Heilige die Welt verlassen, werden die wertvollen Erfahrungen, die sie im Verlauf ihrer Suche nach der Wahrheit gemacht haben, gesammelt und in die geistliche Literatur der Welt, wie wir sie heute haben, aufgenommen. Im zwanzigsten Jahrhundert sind wir in der glücklichen Lage, eine Reihe überlieferter Schriften aus der Vergangenheit zu besitzen. Wir haben den *Zend Avesta*[17], die *Veden*[18], die *Upanishaden*[19], die großen Epen *Ramayana*[20] und *Mahabharata*[21], die *Bhagavad Gita*[22], das Alte und Neue Testament, den *Koran*[23], den *Adi Granth*[24] und viele andere Bücher, wie den *Sar Bachan*[25] und *Gurmat Sidhant*[26]. Alle befassen sich mit derselben ungeteilten und einzigen Wahrheit; doch die Wege, die zu ihr führen, sind zahlreich, und jeder hat seine

[13] *Soami Ji*: Soami Shiv Dayal Singh (1818-1878): großer Heiliger aus Agra; Meister des Surat Shabd Yoga

[14] *Baba Jaimal Singh Ji*: auch bekannt als Baba Ji (1838-1903): Meister von Baba Sawan Singh und Schüler Soami Jis; lebte in Beas

[15] *Hazoor Sawan Singh Ji*:, auch genannt Baba Sawan Singh (1858-1948): stammte aus dem Punjab; Schüler und Nachfolger von Baba Jaimal Singh; lebte später in Beas; Meister von Sant Kirpal Singh

[16] *Ruhani Satsang:* Ruhani = Forum, Satsang = Zusammensein mit der Wahrheit; geistiges Zentrum, in dem zur Entwicklung des «wahren Menschen» rein spirituelle Lehren und Übungen vermittelt werden

besondere Terminologie und Ausdrucksweise. Aber die meisten von uns, die an den Lehren des einen oder anderen Weisen festhalten, finden es schwierig, deren Sinn zu verstehen, weil sie die innere Bedeutung der angewandten Schlüsselworte und die angewandte Sprache oder Mundart nicht kennen. Solange uns nicht ein Mensch zu Hilfe kommt, der die Wahrheiten, wie sie in den Schriften dargelegt werden, erfahren und verwirklicht hat, und sie uns auf verständliche Weise erklärt, können wir ihre wahre Bedeutung nicht erfassen. In den Händen solch eines kompetenten Meisters werden die Zeugnisse der Vergangenheit lebendig und zu einer Quelle der Inspiration für die suchenden Seelen. Es heißt daher:

> Die Schriften sind Werkzeuge in den Händen eines Meisters und helfen das Leben zu überqueren.

[17] *Zend Avesta*: heilige Bücher der alten parsischen Feuer- oder Sonnenanbeter

[18] *Veden* oder *Veda*: Bezeichnung für die ältesten Sammlungen indischer religiöser Literatur

[19] *Upanishaden*: (wörtlich: Geheimlehre) brahmanische Schriften (ca. 700-800 v. Chr.); Interpretation der Veden

[20] *Ramayana*: das älteste indische Nationalepos, in dem die Taten und Abenteuer Lord Ramas, einer Inkarnation Lord Vishnus, und seiner Gattin Sita erzählt werden

[21] *Mahabharata*: Nationalepos der Inder (400-500 v. Chr.), enthält Götter- und Heldenerzählungen, in denen die indischen Religionsströmungen in Form von Zwiegesprächen behandelt werden

[22] *Bhagavad Gita*: «Gesang des Erhabenen», Teil der Mahabharata; eines der heiligsten Bücher Indiens (um 300 v. Chr.); religiös-philosophisches Epos in Form eines Zwiegesprächs zwischen Krishna und Arjuna, seinem Schüler; Synthese vieler religiöser Systeme; Darlegung gangbarer Wege zur Befreiung

[23] *Koran*: heilige Schrift der Mohammedaner (Islam)

[24] *Adi Granth*: heilige Schrift der Sikhs

[25] *Sar Bachan*: Schrift von Soami Ji

[26] *Gurmat Sidhant*: Sant Mat, Lehre der Gurus und Heiligen

Aber die Schriften werden nur verständlich,
wenn ein Gottmensch kommt, sie zu erklären.

Bei der Initiation erhält der Wahrheitssuchende eine bewußte Verbindung mit dem Heiligen Wort, der sich in Licht und Ton zum Ausdruck bringenden Gotteskraft, die von der pulsierenden Bewegung in den Tiefen des Meeres der Liebe, welches Gott ist, ausgeht. Er erhält einen unmittelbaren Beweis von der Kraft und dem Geist Gottes, indem er das Licht Gottes zu sehen und die Musik der Sphären zu hören beginnt, die überall innerhalb und außerhalb des Weltraumes unaufhörlich erklingt; denn es gibt keine Stelle, wo sie nicht ist. Von *Guru Nanak*[27], der durch und durch in der Farbe des allesdurchdringenden *Naam* gefärbt war und immer in einem Zustand beständiger Verzückung lebte, wird erzählt, daß man ihn einmal, als er auf einer seiner Reisen in Mekka (Arabien) weilte, im geheiligten Bezirk mit den Füßen in Richtung des heiligen Schreins der *Kaaba* habe liegen sehen. Die Wächter des Schreins konnten dieses offensichtlich gotteslästerliche Verhalten nicht dulden. Sie wiesen ihn wegen dieser Beleidigung zurecht und sagten: «Wie kommst du dazu, mit den Füßen in Richtung auf das Haus Gottes zu liegen?» *Guru Nanak*, erfüllt von dem Bewußtsein, daß der Geist Gottes an jedem Ort und in jeder Richtung zugegen ist, fragte bescheiden: «Bitte sagt mir, wo Gott nicht ist, damit ich meine Füße in diese Richtung lege.» Dies ist die Betrachtungsweise von Heiligen, die mit Gott eins sind. Sie sehen Gott überall und in jeder Richtung als ein allesdurchdringendes Lebensprinzip, das in allem Seienden pulsiert.

Ähnlich erklärt es der Prophet im *Koran*: «Das Reich Gottes erstreckt sich von Osten nach Westen, und der Gläu-

[27] *Guru Nanak*: Gründer der Sikh-Religion (1469-1539); erster Guru der Sikhs

bige kann Ihn in jeder Richtung finden, wo immer er sein Antlitz Ihm zuwendet, denn Gott wird ihm in genau der Richtung begegnen; denn Er ist an keinen besonderen Raum gebunden und kennt in Seiner Allwissenheit das Herz eines jeden.»

Al-nisai, ein Moslem-*Derwisch*[28], führt diesen Punkt näher aus und fährt fort: «Für mich ist die ganze Welt nichts als ein Tabernakel Gottes und ein geheiligter Ort, an dem man Gebete darbringt. Meinen Anhängern steht es frei, wenn die Zeit des Gebets naht, ihre Gebete zu sprechen, wo immer sie sich gerade aufhalten mögen.»

In der Apostelgeschichte (Apg 17,24) heißt es: «Gott ist der Schöpfer des Himmels und der Erde, und Er wohnt nicht in Tempeln von Händen erbaut.»

Oliver Wendell Holmes[29] legt daher mehr Wert auf die Hingabe als auf irgend etwas anderes, denn liebevolle Hingabe heiligt den Ort, die Zeit und die Art des Gebetes. Er sagt: «Alles ist heilig, wo man in Hingabe kniet.» Die Kraft und der Geist Gottes durchdringen alles. Sie sind immer gegenwärtig und befinden sich in ewiger Vibration. Wenn man sich auf die göttliche Melodie einstimmt, wird die Seele von selbst wie durch einen elektrischen Aufzug in immer höhere Regionen erhoben und man gelangt höher und höher, der melodischen Musik folgend, die allmählich immer feiner wird, bis die Seele eins wird mit der Quelle, aus der sie kam - dem Absoluten, dem Anami oder Namenlosen und Wortlosen.

Wir sind alle entsprechend unserer geistigen Entwicklung auf der Suche nach Gott. Nachdem die Seele einen langen und beschwerlichen Entwicklungsprozeß der Selbstdisziplin und Selbstläuterung durchgemacht hat, wird sie schließlich von

[28] *Derwisch:* asketischer Wandermönch bei den Mohammedanern

[29] *Oliver Wendell Holmes*: (1809-1984), amerikanischer Schriftsteller; Professor der Anatomie und Physiologie

der Gotteskraft zu Füßen eines Meister-Heiligen geführt, um die Reise zurück zu Gott anzutreten. «Es kann niemand zu mir kommen, es sei denn, daß ihn ziehe der Vater, der mich gesandt hat; und ich werde ihn auferwecken am Jüngsten Tag.» (Joh 6,44). Der «Jüngste Tag» steht hier für den Tag, an dem man den Ballast des Körpers ablegt, sei es freiwillig während des Lebens, indem man sich durch den praktischen Vorgang der Selbstanalyse über das Körperbewußtsein erhebt, oder unfreiwillig zur Zeit des Todes, wenn der Todesengel die Sinnesströme aus dem Körper herauszieht. *Guru Arjan* sagt: «Der dich in die Welt sandte, ruft dich nun zurück. Kehre beruhigt und getrost nach Hause zurück.»

Die Erfindungen von Radio und Radar haben jetzt eindeutig bewiesen, daß die Atmosphäre um uns herum von Tonschwingungen erfüllt ist, die man aus jeder Entfernung empfangen und hören kann, sofern nur ein Gerät vorhanden ist, das für ihren Empfang richtig ausgestattet und eingestellt ist. Dies ist genau das, was ein kompetenter Meister bei der Initiation tut, wenn er die einzelnen Seelen einstimmt und das Tonprinzip für sie hörbar macht.

Die äußere, irdische Musik übt einen starken Einfluß auf den Menschen aus. Die marschierenden Soldaten werden durch die kriegerischen Klänge der Hörner und Trompeten angetrieben. Siegesgewiß marschieren die Hochländer in ihren Schottenröcken nach den Klängen von Pibroch oder Dudelsack einher. Die Seeleute und Matrosen hissen die Segel und führen das Ruder mit lauten rhythmischen Rufen. Gedämpfte Trommeln spielen den Trauermarsch für die leidtragenden Trauergäste, die neben der Bahre einhergehen. Die Tänzer tanzen im Einklang mit der Begleitmusik und mit dem Klirren ihrer Arm- und Fußreifen. Selbst die Tiere lieben das Geläut der Glocken, die an ihre Hörner gebunden sind. Die schnellfüßige Antilope läßt sich durch Trommelschlagen aus dem schützenden Dickicht locken. Die giftige Kobra wird von den Schlangenbeschwörern mit der Musik der *Veena*[30] bezaubert. Die äußere Musik trägt die Seele an die Grenze der materiellen Ebene und weckt Gefühle, die sonst zu tief liegen, um Tränen hervorzurufen. So groß ist die Macht der Musik tatsächlich. *John Dryden*, ein bedeutender englischer Dichter des 17. Jahrhunderts, schildert sie mit eindrucksvollen Worten:

> Welch Verlangen kann Musik nicht wecken
> oder stillen?
> Als Jubal die Saiten des Gehäuses schlug,
> Lauschend seine Brüder um ihn stehn,
> Und Staunen sich auf ihre Gesichter legt,
> Verehrung des himmlischen Klanges sich regt:
> Ein geringerer als ein Gott, sie befanden,
> Könne im Innern des Gehäuses nicht sein,
> Welches spricht so süß und so gut.
> Welch Verlangen kann Musik nicht wecken
> und stillen?

Wenn schon die irdische Musik solche Macht besitzt, kann man sich gut vorstellen, wie groß die Macht der himmlischen Musik wäre. Welche Heiterkeit und welche Berauschung würde man erleben, wenn man anfinge, sich über das Körperbewußtsein zu erheben und in Einklang mit der himmlischen Harmonie käme. Das WORT ist die sich zum Ausdruck bringende Gotteskraft. Gott ist symphonische Liebe, die aufwallt und überfließt. Er ist zugleich die Quelle von Liebe, Licht und Leben.

Der Weg zum Absoluten führt durch viele Wohnstätten (Ebenen und Unterebenen), die auf dem Weg von der Körper-

[30] *Veena*: altes, indisches Saiteninstrument, aus dem sich später die Sitar entwickelt hat

ebene zur Heimat des Vaters liegen. Die Reise ist voller Gefahren. Ohne einen Führer, dem die Windungen und Krümmungen des Pfades vertraut sind, können die mentalen Ebenen auf keinen Fall durchschritten werden. Daher ist ein *Guru* («Fackelträger») oder ein kompetenter Meister, der den Weg regelmäßig geht und die Schwierigkeiten und Gefahren des Pfades restlos kennt, unbedingt notwendig. Nur er, dem der Weg zu Gott vertraut ist, kann den Geist sicher durch die schlüpfrigen Regionen blendenden Lichts und verwirrender Schatten sowie durch den trügerischen Sirenenzauber und die Schrecken des Unbekannten hindurchbringen. *Maulana Rumi*[31] mahnt uns:

> Finde jemanden, der die Reise kennt, denn ohne einen solchen Reisenden ist der Pfad voll von unzähligen Fallgruben und unvorstellbaren Gefahren.

Wir dagegen sind tief in der Welt verstrickt. *Kabir*[32] gibt uns eine anschauliche Beschreibung unserer Hilflosigkeit in dem furchterregenden Meer der Welt. Er sagt uns, daß der Weg zum wahren Glück lang und beschwerlich ist und wir auf der Ebene der Sinne tief schlafen. Er fordert uns auf, zu erwachen und mit dem verschlungenen Weg bergaufwärts zu beginnen. Wir alle befinden uns im tödlichen Griff der stählernen Fangarme des Lebens und tragen eine schwere Last von Täuschungen auf unseren Schultern. Unsere sogenannten Freunde und Verwandten sind größtenteils unsere Gläubiger oder Schuldner, die uns erbarmungslos und hinterhältig in Stücke reißen. Es ist verwunderlich, daß wir weiter liebevoll

[31] *Maulana Rumi*: persischer Heiliger, Schüler von Shamas-i-Tabrez
[32] *Kabir*: (1440-1518) indischer Heiliger mit großem Einfluß auf die Sikh-Religion

zu ihnen halten und sie an unsere Brust drücken, ohne zu erkennen, daß sie uns das Blut aussaugen. Das, was wir unser eigen nennen, ist nur eine Täuschung und sehr häufig wird es uns, ehe wir uns versehen, weggenommen. Wieder muß die arme Seele nach dem Tode ganz allein den einsamen Weg zum Richterstuhl Gottes (*Dharam Raj*, die göttliche rechtsprechende Gewalt) zurücklegen. In dem brüchig gewordenen Boot des Körpers treiben wir steuerlos wie ein Laubblatt in der tückischen Strömung, ständig unberechenbaren Winden und stürmischen Fluten ausgesetzt. Wie können wir so das gegenüberliegende Ufer erreichen? Für einen kümmerlichen Hungerlohn spielen wir fortwährend ein bereits verlorenes Spiel, bis wir schließlich die Flucht ergreifen wie ein gejagtes Tier, ohne zu wissen, wohin wir fliehen. Wir wissen nichts vom Leben jenseits des Grabes. Wie können wir errettet werden? Dies entzieht sich unserem Verständnis, und wir fühlen uns getäuscht und hilflos.

Der Meister verspricht uns, stets bei uns zu sein, sowohl hier als auch danach im Jenseits. Davon gibt er den Initiierten einen Beweis, indem er in jedem einzelnen Initiierten seine strahlende Form offenbart. Unzweideutig versichert er uns: «Wo ich bin, da werdet auch ihr sein.»

Dem Initiierten wird die nur für Eingeweihte zugängliche Methode beigebracht, wie er sich in das Himmelreich, das in ihm liegt, erheben kann. Die innere Reise beginnt mit dem Öffnen des Einzelauges (*shiv netra*). Es öffnet sich, wenn die Sinnesströme zurückgezogen und am Sitz der Seele, am Augenbrennpunkt, hinter und zwischen den beiden Augenbrauen, gesammelt werden. Tritt der Initiierte ins Jenseits ein, kann er mit dem Meister innen sprechen und mit vollkommen bewußter Erinnerung an die Erfahrungen, die er auf den inneren Ebenen gewonnen hat, zurückkehren. Im Himmelreich gibt es weder die endlose Kette von Ursache und Wirkung, noch Raum und Zeit. Dort herrscht ausschließlich eine immerwährende Gegenwart; in ihr lebt man in seiner eigenständigen Welt. Die Verständigung zwischen den Seelen erfolgt durch ätherische Gedankenwellen oder -schwingungen.

All dies und noch viel mehr kann durch die tägliche, liebevolle Hingabe an die spirituellen *Sadhanas* oder Übungen erreicht werden, denen man sich immer länger widmet. Auf diese Weise erlangt ein Initiierter eine bewußte Verbindung mit dem Meister auf den höheren Ebenen und versenkt sich nach und nach so sehr in ihn, daß er mit ihm eins wird und mit Paulus spricht:

> «Ich bin mit Christo gekreuzigt. Ich lebe aber; doch nun nicht ich, sondern Christus lebt in mir. Denn was ich jetzt lebe im Fleisch, das lebe ich in dem Glauben des Sohnes Gottes, der mich geliebt hat...»
>
> (Gal 2,20)

Der Meister ist das «fleischgewordene Wort». Er steht immer in unmittelbarer und ununterbrochener Verbindung mit dem göttlichen Wort in sich, ja, er schwelgt geradezu darin und erklärt immer wieder: «Ich und mein Vater sind eins», oder wie wir es im *Gurbani*[33] lesen: «Ich und mein Vater sind in derselben Farbe gefärbt.» Oder: «Zwischen mir und meinem Vater besteht eine gute Partnerschaft», und dies, um gemeinsam die spirituelle Verwaltung der Welt zu übernehmen. Kurzum, man kann sagen, daß der Meister ein bewußter Mitarbeiter Gottes am göttlichen Plan ist.

Gelegentlich nimmt der Meister den Initiierten weit über gewisse Ebenen hinaus, die bezaubernd schön sind; dabei beschützt er ihn, damit er sich nicht darin verstrickt und sich

[33] *Gurbani*: Inhalt des Adi Granth, Lehren der Sikh-Gurus

nicht in die Wunder des Weges verliert. *Maulana Rumi* sagt daher:

> «Wenn du auf Pilgerreise (ins Jenseits) gehen willst, dann nimm dir einen Pilger als deinen Begleiter mit. Es kommt nicht darauf an, ob der erwähnte Pilger ein Hindu, ein Türke oder ein Araber ist; aber achte darauf, daß er ein wahrer Pilger ist!»

Ein lebender Meister ist ein solcher Pilger. «Ein Urbild des Weisen, der sich erhebt, doch niemals umherstreunt; den sich gleichenden Orten des Himmels und der Heimat treu.» Es ist ein großer Segen, einen lebenden Meister zu haben. Er wird die Initiierten niemals verlassen noch versäumen bis ans Ende der Welt. Wer initiiert ist, in dem lebt der Meister mit seinem astralen oder strahlenden Körper, und bei ihm bleibt er immer bis zum Ende der Reise nach *Sat Naam*[34] oder *Sat Purush*[35]. Der Meister nimmt ihn ganz in sich auf und läßt auch die Seele des Initiierten ganz in sich aufgehen - beide werden eins in Ihm. Selbst wenn der Schüler irgendwann vom Weg abkommt oder irregeleitet wird, wird er entweder noch in diesem oder in einem der nachfolgenden Leben auf den rechten Pfad zurückgebracht.

Christus und die anderen Meister müssen nach einer bestimmten Zeit die irdische Ebene wieder verlassen; und doch leben sie in Form von *Shabd* (dem Tonstrom) im Inneren weiter, nur außerhalb von Raum und Zeit. Da wir mit dem

[34] *Sat Naam*: der wahre Name; (Sat = die ewige Wahrheit; NAAM = der Name, das WORT, der Logos oder Shabd, der Tonstrom); bezeichnet die Kraft, die der Schöpfer der gesamten Schöpfung ist und sich in Licht und Ton, den beiden Offenbarungen Gottes, zeigt

[35] *Sat Purush*: Gott, der wahre Herr; Herrscher über die höchste Ebene und aller darunter liegenden Ebenen

einen oder anderen von ihnen verbunden sind, möchten wir natürlich für sie leben und sterben. Aber wir wissen kaum darüber Bescheid, wie wir mit ihnen Verbindung in uns aufnehmen können. Eine solche Verbindung ist möglich und liegt ganz in unserer Reichweite, wenn wir nur einen *Shabd Swaroop* finden, einen Lehrer, der die Verkörperung des WORTES ist und der kompetent ist, uns mit dem WORT zu verbinden, ja uns gar in das WORT, in dem alle Meister der Vergangenheit für immer leben, umzuwandeln.

Ich erinnere mich da an eine Dame, der ich 1955 in Amerika begegnete. Ihr erschien gewöhnlich Christus im Inneren, und so war sie selbstzufrieden und wollte sonst nichts unternehmen, um auf dem spirituellen Pfad weiter voranzukommen. Eines Tages schlug ich ihr vor, Christus zu fragen, welche weiteren Schritte er ihr für den inneren Fortschritt anraten würde. Am nächsten Tag kam sie und bat inständig um die Initiation, da Christus sie angewiesen habe, die Führung des vollendeten Meisters zu suchen, wenn sie Fortschritte machen wolle. Die inneren Kräfte behindern die Suche nach Gott niemals; und wenn man mit einem früheren Meister in Verbindung steht, sagt dieser seinen Ergebenen bereitwillig und freudig, welche Schritte auf dem spirituellen Pfad als nächstes zu gehen sind.

Einige wenige Initiierte erhebt der Meister und zeigt ihnen die Herrlichkeit der fünften Ebene (*Sach Khand*), und die meisten der Initiierten werden bis dorthin geführt. Aber, wie schon vorher erwähnt, gibt es im ganzen acht Regionen, und die achte ist das höchste Ziel, das von jenen erreicht wird, die die Vollkommenheit endgültig erlangt haben.

> Hat man *Sat Lok* durchschritten,
> lernt man das Unaussprechliche und Unbe-
> greifliche kennen.

> In der Region, die über all diesen liegt,
> wohnen die Heiligen, und der geringe *Nanak*
> ruht auch dort.

Der heilige Johannes gibt uns in der Offenbarung eine Schilderung seiner inneren Erfahrungen:

> Am Tag des Herrn wurde ich vom Geist ergriffen und hörte hinter mir eine Stimme, laut wie eine Posaune. Sie sprach: Ich bin das Alpha und das Omega, der Erste und der Letzte.
>
> Da wandte ich mich um, weil ich sehen wollte, wer zu mir sprach. Der war eines Menschen Sohn gleich. Seine Augen waren wie Feuerflammen; seine Stimme war wie das starke Rauschen von Wasser; sein Angesicht leuchtete wie die hell strahlende Sonne.
>
> Als ich ihn sah, fiel ich wie tot vor seinen Füßen nieder. Er aber legte seine rechte Hand auf mich und sprach: Fürchte dich nicht! Ich bin der Erste und der Letzte.
>
> Wer Ohren hat, der höre, was der Geist den Gemeinden sagt: Wer siegt, dem werde ich vom Baum des Lebens zu essen geben. Wer siegt, dem soll kein Leid geschehen von dem zweiten Tode.
>
> Wer siegt, dem werde ich von dem verborgenen Manna geben, ich werde ihm einen

> weißen Stein geben, und auf dem Stein steht ein neuer Name, den nur der kennt, der ihn empfängt.
>
> Wer siegt, wird mit weißen Gewändern bekleidet werden. Nie werde ich seinen Namen aus dem Buch des Lebens streichen.
>
> Wer siegt, den werde ich zu einer Säule im Tempel meines Gottes machen.
>
> Ich rate dir: Kaufe von mir Gold, das im Feuer geläutert ist, damit du reich wirst; und kaufe von mir weiße Kleider, und zieh sie an; und kaufe Salbe für deine Augen, damit du sehen kannst.
>
> (Off, Kap. 1, 2 und 3)

Im Kapitel 12 des zweiten Korintherbriefes berichtet Paulus über seine Visionen und Offenbarungen und spricht darin vom dritten Himmel, wenn er sagt:

> «Und ich kenne einen Menschen, der entrückt ward bis in den dritten Himmel (*Brahmand*) - ob er in dem Leibe oder außer dem Leibe gewesen, weiß ich nicht, Gott weiß es - der ward entrückt bis ins Paradies und hörte unaussprechliche Worte, die kein Mensch aussprechen kann.»

Alle Meister halten inne, wenn es darum geht, das innerste Geheimnis zu enthüllen. *Shamas-i-Tabrez* sagt: «Wenn ich daran gehe, eine Beschreibung des Geliebten zu geben, stockt meine Feder und das Blatt zerreißt.» Auch *Maulana Rumi* verbietet es, die inneren Geheimnisse weiterzugeben: «Nicht ein Jota darfst du von deiner Vision erzählen, was auch immer es sei. Sonst wird er alles auslöschen, was du geschaut hast, als wäre es nie gewesen.» *Kabir* erklärt ebenso nachdrücklich:

> Mit aller Macht, die mir zu Gebote steht,
> ermahne ich dich,
> Gib acht, daß die inneren Geheimnisse nicht
> nach außen gehen.

Man kann dieses Thema mit den denkwürdigen Worten des berühmten *Masnavi*[36] abschließen, worin der große *Rumi* sagt:

> Es ist nicht angebracht, dir mehr zu sagen,
> denn das Flußbett kann das Meer nicht
> erfassen.

Auf diese Weise also haben die Meister vergangener Zeiten die geheime göttliche Lehre als ein ihnen anvertrautes, heiliges Gut für sich behalten und nur ihren vertrauten und bewährten Schülern (*Gurmukhs*) etwas davon mitgeteilt.

Dies ist in der Tat kein Gegenstand, den man mit Worten allein hinreichend behandeln könnte. Wenn man den Geschmack einer Süßspeise feststellen möchte, muß man sie auch schmecken. Eine praktische Vorgehensweise zur Selbsterforschung ist es, anzuklopfen und nach innen zu gehen; und jeder, der durch die Gnade eines vollendeten Meisters Zugang zu sich selbst gewinnt und sich ganz in sein Inneres versenkt, findet mit Sicherheit eine Perle von unschätzbarem Wert.

[36] *Masnavi*: berühmtes Werk Maulana Rumis

Durch die Berührung mit der Wirklichkeit erfährt man sich jenseits aller Relativität als etwas Wirkliches; gleichzeitig wird der sterbliche Mensch in unsterblichen Geist umgewandelt, wobei er den gordischen Knoten zwischen der trägen Materie und der lebendigen Seele löst. So wird das Rätsel von «Leben» und «Tod» gelöst, denn dieses Leben existiert nur durch die flüchtigen Schatten alles Vergänglichen und verschlingt mit jedem Schritt siegreich den Tod.

Im folgenden wird der Versuch unternommen, in der dreidimensionalen Sprache, die das Unaussprechliche nur höchst unzulänglich auszudrücken vermag, etwas von der geheimen Lehre mitzuteilen. Mögen die Kraft und der Geist Gottes dem Leser zum besseren Verständnis des Themas zu Füßen eines kompetenten Meisters verhelfen, der in der Lage ist, uns hier und jetzt, in diesem Leben, mit den spirituellen Reichtümern auszustatten; denn wer weiß, ob im Jenseits die Wahrheit wirklich aufdämmern wird, so wie es von den sogenannten Lehrern, von denen die Welt übervoll ist, ernst und feierlich behauptet und versprochen wird. In diesem Zusammenhang hat Christus eine eindringliche Warnung erteilt: «Hütet euch vor den falschen Propheten, die in Schafskleidern zu euch kommen, inwendig aber sind wie reißende Wölfe.» (Mt 7,15). Wird ein Blinder von einem Blinden geführt, fallen beide in den Graben.

Deshalb ist es von größter Bedeutung, daß man gründlich nach einem kompetenten und vollendeten Meister sucht und sich von seiner Echtheit überzeugt, bevor man ihn als unfehlbaren Führer und treuen Freund auf dem Weg zu Gott anerkennt und annimmt. Es macht auch nichts aus, wenn man sein ganzes Leben mit dieser bedeutsamen Suche verbringt; dies ist besser, als auf falsche Meister hereinzufallen und die einzige Gelegenheit seines Lebens zu verpassen. Eine solche Suche wird nicht vergebens sein, «suchet, so werdet ihr finden».

Ich starb als Stein und wurde eine Pflanze,
Ich starb als Pflanze und erhob mich zum Tier,
Ich starb als Tier und ward ein Mensch.
Was sollte ich fürchten?
Wann ward ich weniger durch den Tod?
Doch einmal muß als Mensch ich noch sterben, um mich zu erheben.
Mit gesegneten Engeln muß ich selbst aus dem Engelsdasein weiter hinauf - alles außer Gott vergeht.
Wenn ich meine Engelseele geopfert habe,
Werde ich, was nie ein Geist sich je ersann.
O, laß mich nicht sein, denn Nicht-Sein verkündet in Orgelklängen: «Zu Ihm kehren wir heim.»

Maulana Rumi

Nichts in der Natur stirbt

Tod und Unsterblichkeit wohnen beide der Natur alles Seienden inne - alles Seiende verbindet Materie und Geist in sich. Die Materie ist nur eine Leinwand, auf die sich der Geist projiziert, der allesdurchdringende Geist, der die Materie in unterschiedlichen Dichtigkeitsgraden und Schwingungsfrequenzen anzieht, um sich auf verschiedenen Existenzebenen in vielfältigen Formen und Farbmustern zu offenbaren. Der Geist an sich ist ohne die stoffliche Umhüllung, mit der er auf der irdischen Ebene in Erscheinung tritt, Leere; denn ohne stoffliches Gewand kann der Geist nicht mit den Augen des Fleisches gesehen werden, genau wie die Kraft des Frühlings nur dann wahrzunehmen ist, wenn sie durch die Blumen und Früchte wirkt und diese mit ihrem aromatischen Duft und köstlichen Geschmack blühen und sprießen läßt.

Auf Erden verkörpert der Mensch den Grundsatz der Dreieinigkeit; denn er vereint in sich Körper, Gemüt und Seele, wobei letztere vom Wesen Gottes ist, sie ist der Odem des Lebens, der Körper und Gemüt belebt und der den Menschen, in dem von Kopf bis Fuß der Odem Gottes wogt, lebendig macht.

Der menschliche Körper ist insoweit individualisierte Materie, als der Geist, der in sie eingehüllt ist, individualisierter Geist zu sein scheint - wie die Sonne, die sich in vielen Wasserkrügen widerspiegelt. Beim Tod löst sich der Körper, der ja aus verschiedenen Elementen zusammengesetzt ist, auf, kehrt in das kosmische Reservoir der Substanzen zurück und verschmilzt schließlich wieder mit der einen Ursubstanz; und die Seele kehrt zu Gott zurück: «...ehe der silberne Strick zerreißt und die goldene Schale zerbricht und der Eimer zerschellt an der Quelle und das Rad zerbrochen in den Brunnen fällt. Denn der Staub muß wieder zur Erde kommen, wie er gewesen ist, und der Geist wieder zu Gott, der ihn gegeben hat.» (Pred 12,6-7).

Ein lebender Mensch ist nicht unabhängig oder getrennt von der höchsten Kraft, die ihn durchströmt. Er ist ein Produkt der höchsten Kraft, die auf die materielle Ebene durch einen organisierten Körper aus Wellen einwirkt, welche einen Zustand des Bewußtseins in ihm erzeugen. Der Mensch existiert, wenn diese höchste Kraft in und durch seine Körperform fließt; zieht sich diese Kraft in sich selbst zurück, ist er kein lebendes Wesen mehr, denn alle aktivierenden Funktionen in ihm hören auf. Und was bleibt übrig? Nichts als eine Masse träger Materie, in Form und Substanz dieselbe wie vorher, jedoch ohne den belebenden Lebensimpuls, der noch kurz zuvor in ihm pulsierte.

So wie der Mensch ist auch das gesamte Universum eine Offenbarung des einen Lebensprinzips, des Prinzips lebendigen Bewußtseins in unterschiedlichen Abstufungen, vom Logos herab bis zu den Atomen der stofflichen Elemente, die unaufhörlich in rhythmischer Bewegung sind und durch die höchste Kraft, die in ihnen und auf sie wirkt, in rascher Folge viele Formen bilden und neu gestalten. Kurzum, die Intelligenz des Universums ist und bleibt für immer und ewig im Innersten eines jeden Atoms, das nach ihrer Melodie tanzt - es ist wie der nicht endende Tanz von *Shiva*, der lebendigen Verkörperung von *Shakti*, der Mutter des Universums.

In der esoterischen Entstehungsgeschichte der Welt findet die Theorie von der «toten» Materie überhaupt keinen Platz, es gibt keine stoffliche Substanz, die ohne die zusammenhaltende Kraft in sich existieren könnte. Es ist eine Tatsache, daß Materie formgewordene Energie ist.

In der antiken Philosophie wurde zwischen «Sein» und «Existenz» streng unterschieden. Der Logos als die Welt in ihrem

Urzustand ist das wahre «Sein», unwandelbar und unvergänglich. «Existenz» dagegen ist eine vorwärts und nach außen gehende Äußerung und Ausdehnung oder Bewegung in die Welt des Werdens, eine Welt unaufhörlicher Verwandlung und Veränderung von einem Augenblick zum anderen.

Physiologen und Ärzte sowie Botaniker, Gärtner und Blumenzüchter können uns viel über die mechanischen und chemischen Vorgänge im menschlichen Stoffwechsel oder vielmehr in jedem lebendigen Organismus berichten - sei es in einem Baum, einer Blume, einer Frucht, einer Ameise oder einem Elefanten; sie können uns jedoch nicht sagen, warum sie leben, wie sie leben, zu welchem Zweck sie leben, was das Leben an sich ist, und vor allem nicht, was Bewußtsein ist, das ja den Lebensimpuls auf jeder Existenzstufe kennzeichnet.

Der kosmische Zyklus bestätigt, daß das Leben ewig ist. Es ist ein nicht endender Vorgang. Es geht immer weiter, nimmt in endloser Folge eine Form nach der anderen an, erscheint und verschwindet und taucht wieder auf, wie Wellen und Blasen im Strom der Zeit, einer Zeit, die von einer Ewigkeit zur anderen herabfließt. Die Natur ist nichts anderes als ein unermeßliches Reservoir von Leben und Materie, in dem nichts verlorengeht und nichts stirbt, ganz gleich, wie die Formen sich verändern mögen, sei es auch in weniger als einem Augenblick. Dieser Verwandlungsprozeß ist es, der gemeinhin als Tod bezeichnet wird - der Tod einer Form an einem Ort und die Geburt in einer anderen Gestalt an einem anderen Ort oder auf einer anderen Ebene. Der unsichtbare Dunst, der vom Meer aufsteigt, vergeht, um sich auf dem Berggipfel in sichtbaren festen Schnee zu verwandeln, und der sichtbare Schnee seinerseits macht wiederum den umgekehrten Prozeß durch, den Sterbevorgang, er zerschmilzt zu flüssigem Wasser, und das Wasser verwandelt sich zurück in den unsichtbaren Gaszustand oder Dunst - eine ununterbrochene Kette von Ursache und Wirkung schließt sich. Auf ähnliche Weise wird der Mensch ein sichtbares Wesen, wenn der Geist menschliche Gestalt annimmt; und im Laufe der Zeit wird dieser selbe Mensch, der so viele Rollen auf der Bühne des Lebens spielt (Sohn, Bruder, Ehemann und Vater gleichzeitig; erst Kind, dann Jüngling und schließlich Greis), am Ende unsichtbar, wenn sich der Geist in ihm zurückzieht, was bei jenen, die um ihn sind, Bestürzung hervorruft und eine Lücke in dem großen Netz der Beziehungen hinterläßt, das er während seines irdischen Lebens um sich herum gewebt hatte. Dies ist es, was bei der letzten Umwandlung wirklich geschieht, wenn sich der physische Körper zersetzt und sich in die kosmische Ordnung der Dinge auflöst und die Lebensströme in dem großen kosmischen Lebensprinzip aufgehen. Dies ist in der Natur etwas äußerst Organisches und kein chemisch-anorganischer und mechanischer Vorgang.

Der Tod ist nicht das, was er zu sein scheint und wofür er im allgemeinen Sprachgebrauch gehalten wird. Tod und Leben sind Begriffe, die nur auf der irdischen Ebene im Gegensatz zueinander stehen. In Wirklichkeit aber besteht kein Unterschied zwischen beiden, und sie können nicht eigentlich als etwas Gegensätzliches betrachtet werden; denn der Tod kann das Leben nicht verschlingen, noch kann er dem Leben ein Ende setzen. Er ist nichts weiter als eine Auswechslung wie bei zwei Seiten einer Münze, die sich um ihre Achse dreht. Nehmen wir nicht durch das Kreisen der sich drehenden Erde um die Sonne Tag und Nacht, Licht und Dunkel wahr und Schatten unterschiedlicher Länge, die auf immer wieder andere Stellen geworfen werden, während die Sonne selbst die ganze Zeit über weiterscheint? Der Tod bedeutet nicht ein vollständiges Auslöschen oder eine Vernichtung, wie manchmal geglaubt wird. Er ist nichts anderes als der Wechsel des Bewußtseins von einem Existenzort in einen anderen. Das Leben dagegen ist ein einziger fortwährender Prozeß, der kein Ende kennt; denn der sogenannte Tod, der dem Leben folgt, ist nicht Leblosigkeit, sondern Leben in einer anderen Form an einem anderen Ort, hier auf Erden oder sonstwo und in einer anderen Gestalt mit einem anderen Namen und unter anderen Umständen, so wie es die göttliche Vorsehung entscheidet, die nach dem unerbittlichen Gesetz des Handelns wirkt: «Wie du säest, so wirst du ernten.»

Das Leben als ein positiver Ausdruck des höchsten Wesens ist der negativen Erscheinung des Todes nicht unterworfen, und daher kann der letztere das erstere, das ewige Feuer des Lebens, nicht auslöschen. Wir haben die Aussage einer ununterbrochenen Reihe von Meistern, die lehrten, daß Leben und Tod bloß Worte in der Welt der Dualität sind, die beschreiben sollen, wie sich der Bewußtseinszustand des inneren, im Zentrum befindlichen Seins an der Oberfläche auswirkt oder sich an der Peripherie verändert. Es sind lediglich sichtbare und unsichtbare Stufen im kosmischen Zyklus, die der innere Mensch durchläuft. Der beklagenswerte, schreckliche und vielgefürchtete Tod ist in Wirklichkeit eine Wiedergeburt (ein Wiedergeborenwerden des inneren Menschen) in ein Leben, das freudvoller und wunderbarer sein kann, als man es bisher erfahren hatte. «Der ehrfurchtgebietende und leidbringende Tod», sagt *Kabir*, «ist für mich ein Vorbote freudvollen Lebens, und ich heiße ihn willkommen.» Auch die Evangelien sprechen vom Reich Gottes, das den Menschen jenseits der Todesschwelle erwartet:

> Es sei denn, daß jemand von neuem geboren
> werde, so kann er das Reich Gottes nicht
> sehen...
> Es sei denn, daß jemand geboren werde aus
> Wasser und Geist, so kann er nicht in das
> Reich Gottes kommen.
> Was vom Fleisch geboren wird, ist Fleisch;
> und was vom Geist geboren wird, ist Geist...

> Der Wind bläst, wo er will, und du hörst sein Rauschen wohl; aber du weißt nicht, woher er kommt und wohin er geht. So ist ein jeglicher, der aus dem Geist geboren ist.

Bei jedem folgenden Tod oder jeder Auflösung der Form entwickelt sich der aus der festen Gestalt befreite Geist zu immer mehr Stärke und Kraft und zu einem Bewußtsein, das größer und weiter ist als je zuvor. In diesem Zusammenhang sagt uns *Maulana Rumi*:

> Ich starb als Stein und wurde eine Pflanze,
> Ich starb als Pflanze und erhob mich zum Tier,
> Ich starb als Tier und ward ein Mensch.
> Was sollte ich fürchten? Wann ward ich weniger durch den Tod?
> Doch einmal muß als Mensch ich noch sterben, um mich zu erheben.
> Mit gesegneten Engeln muß ich selbst aus dem Engeldasein weiter hinauf; alles außer Gott vergeht.
> Wenn ich meine Engelseele geopfert habe,
> Werde ich, was nie ein Geist sich je ersann.
> O, laß mich nicht sein, denn Nicht-Sein verkündet in Orgelklängen: «Zu Ihm kehren wir heim!»

«Tod» ist demnach ein anderer Name für eine Umwandlung im zentralen Lebensprinzip, dem Drehpunkt, um den die organisierte Lebensmonade sich bewegt und aktiv ist. Es ist ein Wechsel von einer Konstellation von Gegebenheiten in eine andere - in verschiedenen Formen und unter verschiedenen Bedingungen, wie es für die letzte Entfaltung des Selbst oder der Lebensmonade zur vollen Blüte am besten geeignet ist. Dies führt zu einem immer weiteren Bewußtsein und einem Aufsteigen zu den höheren, spirituellen Werten des Lebens:

> Siehe, ich sage euch ein Geheimnis: Wir werden nicht alle entschlafen (im Tod), wir werden aber alle verwandelt werden; und dasselbe plötzlich, in einem Augenblick... und werden auferstehen unverweslich... Denn dies Verwesliche muß anziehen die Unverweslichkeit und dies Sterbliche muß anziehen die Unsterblichkeit. Wenn aber dies Verwesliche anziehen wird die Unverweslichkeit und dies Sterbliche anziehen wird die Unsterblichkeit, dann wird erfüllt werden das Wort, das geschrieben steht: Der Tod ist verschlungen vom Sieg. Tod, wo ist dein Sieg, Tod, wo ist dein Stachel?
>
> (1. Kor 15,51-55)

In «Der Mensch, das unbekannte Wesen» sagt *Alexis Carrel*: «Der Mensch ist aus einer Reihe von Erscheinungsbildern geschaffen, in deren Mitte sich die unerkennbare Wirklichkeit bewegt.» *Nanak* spricht in ganz ähnlicher Weise von sich selbst: «Inmitten der äußeren physischen Form, genannt Nanak, wirkt die unsichtbare Kraft des Höchsten Wesens.» In der *Bhagavad Gita*, dem Gesang des Erhabenen, verkündet uns *Bhagwan Krishna*, der siebte *Avatar*[1] von *Vishnu*[2], der zur bekannten Dreieinigkeit in der Hindumythologie gehört, folgendes:

[1] *Avatar*: Inkarnation eines Gottes

[2] *Vishnu*: höchster Gott; aus der hinduistischen Dreiheit Gottes (Schöpfer, Erhalter und Zerstörer) der Erhalter

> Wisse, o *Pandu*-Prinz, daß es nie eine Zeit gab, da es mich oder dich oder irgendeinen dieser Prinzen der Erde nicht gab; noch wird in Zukunft je eine Zeit kommen, da irgend jemand von uns aufhört zu sein. Wie die Seele, mit diesem materiellen Körper bekleidet, die Stadien der Kindheit, der Jugend, der mittleren Jahre und des Alters erlebt, so wird sie nach einer gewissen Zeit in einen anderen Körper wechseln, und in anderen Inkarnationen wird sie wieder leben und sich bewegen und ihre Rolle spielen. Jene, welche die Weisheit der Inneren Doktrin erlangt haben, wissen diese Dinge und werden durch nichts, was in dieser Welt des Wandels geschehen mag, berührt - für jene sind Leben und Tod bloße Worte, und beide sind nur oberflächliche Aspekte des tieferen Seins (im Inneren).

Es ist also klar, daß sich nach dem kosmischen Gesetz der Periodik alle Dinge im Kreis bewegen und alle Dinge ewig sind. Der Tanz des *Shiva*, gleichzeitig Gott des Todes und der Tod selbst, der - nicht selten auf einer höheren Existenzebene - zur Wiedergeburt führt, geht für immer und ewig weiter. Aufgrund einer Evolution oder eines Entwicklungsvorgangs verwandelt sich der Mensch unter diesem sich ständig weiterdrehenden Rad des Lebens fortwährend von einem bloßen physischen Wesen in ein astrales, dann in ein kausales und schließlich in ein spirituelles Wesen auf verschiedenen Existenzebenen, bis er ganz zu sich selbst gekommen ist, bis er in sich das sich ewig entfaltende Bewußtseinsprinzip, welches er potentiell ist, in seiner Fülle erkennt und verwirklicht und die Ganzheit seines Seins erfaßt. «Denn in Ihm (in Gott, dem universalen Sein) leben, weben und sind wir; ...wir sind seines

Geschlechts» (Apg 17,28), und Er ist das wahre Sein unseres Seins, und ohne Seine in uns wirkende Kraft können wir nicht leben und handeln.

«Gleiches bringt Gleiches hervor.» Alles, ob Pflanze, Tier oder Mensch, entwickelt sich aus dem Samen seiner Art, und zwar nach einem festgelegten Lebensplan, der durch die dem Samen innewohnende Natur bestimmt ist. «Gott aber gibt ihm (dem Samen) einen Leib, wie Er will, und einem jeden Samen seinen eigenen Leib.» (1. Kor 15, 38-39). Der Mensch, der auf der höchsten Sprosse der Rangordnung des Lebens auf Erden steht, ist von seinem Schöpfer nicht getrennt. Der Vater befindet sich in potentieller Form im Sohn, und der Sohn ist fest im Vater verwurzelt, auch wenn er es vielleicht in der Situation, in der er sich befindet, nicht weiß aufgrund der Begrenzung seines körperlichen Gewandes, in dem er die ganze Zeit auf der irdischen Ebene lebt und wirkt. Durch die in ihm wirkende Kraft Gottes lebt er wahrhaftig im Tempel Gottes, aber ohne sich dessen bewußt zu sein. «Wisset ihr nicht, daß ihr Tempel Gottes seid, und der lebendige Geist Gottes in euch wohnt» und der ihr deshalb seid?

Der Ausdruck «Mensch» ist lediglich ein Begriff, den man für den auf Erden verkörperten Geist Gottes verwendet. Die altbekannte Lehre von der heiligen Dreifaltigkeit beinhaltet folgendes: Ein Ganzes, bestehend aus drei Teilen, dem Vater (der Universale Geist), dem Sohn (der individualisierte Geist, gekleidet in Körper, Gemüt und Intellekt) und dem Heiligen Geist (die erlösende Verbindung oder Rettungsleine zwischen den beiden, durch die der menschliche Geist, wenn er ihr folgt, über das Menschsein hinausgelangt) - alle drei im Menschen vereint. Daher die Ermahnung des Propheten aus Galiläa: «Seid vollkommen wie euer Vater im Himmel vollkommen ist.» Vollkommenheit kommt von dem, der vollkommen ist.

«Vollkommenheit» ist also das Ziel des menschlichen Lebens; sie wird durch die Selbstentfaltung oder Evolution des individuellen Geistes erreicht, indem dieser die Begrenzungen des Körpers, des Gemüts und des Intellekts übersteigt und das noch unerforschte und unbekannte Verborgene, das in den Tiefen des großen Meeres des Unbewußten wurzelt, erschließt. Es ist freilich eine schwierige, aber keine unlösbare Aufgabe, wenn man das Glück hat, mit einer Meisterseele in Verbindung zu kommen, die wohlbewandert ist in der Wissenschaft und Kunst von *Para Vidya*[3], dem Wissen um die himmlischen Welten. Diese liegen jenseits der Sinneswahrnehmung, die uns nur im Bereich des *Vidya*[4] oder dem Wissen von der durch Beobachtung und Experimente erfahrbaren Welt von Hilfe ist. «Das Reich Gottes kommt nicht so, daß man es an äußeren Zeichen beobachten könnte... das Reich Gottes ist mitten unter euch.» (Luk 17, 20-21). Das Reich Gottes kommt nicht von oben aus den Wolken herab. Es ist bereits im Menschen, und man kann seine Herrlichkeit durch das Sich-nach-Innen-Wenden (ähnlich dem Sterbevorgang) erleben, und dies freiwillig, auf natürliche Weise, während des Lebens, wie es die Meister ihre auserwählten Schüler seit undenklichen Zeiten gelehrt haben. Was ein Mensch getan hat, kann jeder Mensch tun, wenn er von einem gottgleichen Menschen die rechte Hilfe und Führung erhält. Jeder Heilige hat eine Vergangenheit, und jeder Sünder hat eine Zukunft.

[3] *Para Vidya*: «Wissenschaft der verwirklichten Wahrheit» oder die «Wissenschaft vom Jenseits»

[4] *Vidya*: Vorbereitung zum Erlangen des Wissens von Para Vidya

Das Licht des Lebens

Wir alle sind, wie so viele verlorene Kinder Gottes, in das ferne Land, Erde genannt, herabgekommen. Wir haben das Potential unseres Vaters mitgebracht, das wir Tag für Tag und jeden Augenblick vergeuden, indem wir die kurzlebigen Schönheiten und Herrlichkeiten dieser Region erforschen. Dabei verlieren wir jede Erinnerung an unsere göttliche Herkunft, an das glückliche elterliche Zuhause und an unsere Abstammung, die das reiche Erbe umfaßt, das uns zusteht. «Aus dem Fleisch geboren» leben wir im Fleisch und haben unsere Verbindung mit der Rettungsleine im Inneren verloren.

Dadurch sind wir spirituell tot, tot trotz des hektischen Lebens auf physischer und mentaler Ebene und trotz der erstaunlichen Errungenschaften auf den Gebieten der Kunst, Wissenschaft und Technik. Bei allen Bequemlichkeiten des Lebens, mit denen Mutter Natur ihr Pflegekind, den Menschen, versehen hat, leben wir dennoch in einem anhaltenden Zustand von Furcht und Mißtrauen nicht nur anderen, sondern auch uns selbst gegenüber. Hilflos und ohne Hoffnung treiben wir auf dem Meer des Lebens dahin, ohne jedes Ankertau, mit dem wir unser Schiff festmachen oder auch nur in den stürmischen Wogen sicher und ruhig auf Kurs halten könnten.

Der Mensch ist ein Mikrokosmos, ein Abbild des Makrokosmos oder Universums. Beide - das Individuelle und das Universale - stehen Teil um Teil in Wechselbeziehung zueinander. Alles, was außen ist, befindet sich auch innen, und der Geist im Menschen hat ungeachtet der schweren Last seiner physischen und mentalen Fesseln die Möglichkeit, die ihn umgebenden dichten Schleier zu durchreißen und einen Blick durch sie hindurch zu werfen in das ewigbestehende Reich des höchsten Gottes, die immerwährende durch sich selbst seiende Wahrheit, die seit Anbeginn der Zeit immer dieselbe gewesen ist.

Wir haben hierfür die Zeugnisse einer Reihe von Mystikern:

> Obgleich du im Raum lebst, hast du deine
> Wurzeln außerhalb des Raumes;
> Lerne, dich nach dieser Seite abzuschließen,
> und erhebe dich in unbegrenzte Weiten,
> Denn solange man sich nicht über die Welt der
> Sinne erhebt, bleibt man der Welt Gottes
> gänzlich fremd.
> Bemühe dich unablässig, bis du dem Käfig
> ganz entronnen bist,
> Und dann wirst du die Nichtigkeit der unteren
> Bereiche erkennen.
> Wenn du dich erst über den Körper und was
> zu ihm gehört erhoben hast,
> Wird dein Geist die Herrlichkeit Gottes schau-
> en;
> Dein Platz ist fürwahr Gottes Thron;
> Schäme dich, daß du es vorziehst, in einer
> armseligen Hütte zu leben.
> Du hast auch dann einen Körper, wenn du
> außerhalb des Körpers bist,
> Warum fürchtest du dann, den Körper zu
> verlassen?
>
> O Freund, laß das Leben des Fleisches hinter
> dir,
> Damit du das Licht des Lebens erfährst.

Du bist wahrlich das Leben von allem, was hier existiert;
Ja, beide Welten, diese und die danach, sind in dir,
Von dir ging alle Weisheit aus,
Und du bist es, dem Gott Seine Geheimnisse enthüllt,
Kurz: Obwohl du nur so klein erscheinst,
Liegt doch das ganze Universum in dir.
Ausgestattet mit einem menschlichen Körper und einem engelhaften Geist,
Kannst du nach Belieben durch die Welt streifen oder dich in den Himmel erheben.
Welch große Freude wäre es, den Körper hier unten zu lassen
Und zum höchsten Himmel emporzufliegen.
Verlasse dein ursprüngliches Haus aus Fleisch und Blut, und nimm dein Gemüt und deinen Geist weit mit hinauf.

Könntest du nur aus dem Tabernakel des Fleisches herauskommen;
Dann wäre es dir möglich, zu dem Ort zu gelangen, wo es Fleisch nicht gibt;
Das Leben des Fleisches kommt von Wasser und Nahrung allein;
Denn auf Erden bist du in ein Gewand aus selbigem Stoff gehüllt;
Warum verläßt du nicht nachts das Leichenhaus?
Hast du doch Hände und Füße, nicht aus dieser Erde gemacht;
Es mag dir genügen zu wissen, daß in dir ein Zugang ist, der zu deinem Geliebten führt.

Wenn du einmal dem Gefängnis des Körpers
entkommst,
Gelangst du ohne Mühe in eine neue Welt.

Immer wieder spricht der vollendete Meister von unserem verlorenen Reich im Innern, das seit langem vernachlässigt ist und das in dem gewaltigen Strudel der Welt von Gemüt und Materie, in dem wir die ganze Zeit getrieben sind, völlig vergessen ist. Dies hier ist die uns von Gott gegebene Gelegenheit, den unbetretenen Pfad zu betreten, das Unerforschte zu erforschen und in uns das wiederzuentdecken, was bereits unser eigen ist: das wirkliche innere Sein in uns. Die menschliche Geburt ist in der Tat ein seltenes Vorrecht. Sie erfolgt am Ende eines langen Entwicklungsprozesses, der beim Gestein und bei den Mineralien beginnt, sich im Pflanzenreich fortsetzt und dann durch die Welt der Insekten, Reptilien und Nagetiere führt, als nächstes durch die gefiederte Gemeinschaft der Vögel und des Federviehs und an letzter Stelle durch die der anderen Tiere und Vierfüßler. Der Mensch hat ein Element in sich, das allen anderen Geschöpfen fehlt oder das sie nur in ganz geringem Maße besitzen - das luftige oder ätherische Element, das ihn mit der Kraft der Vernunft und der Unterscheidung ausstattet. Es befähigt ihn, Recht von Unrecht, Tugend von Laster zu unterscheiden sowie die höheren und edleren Werte des Lebens zu verstehen, in die Tat umzusetzen und sie aus freier Entscheidung für den weiteren Fortschritt auszuwählen und anzuwenden, damit er «aus dem Geiste geboren wird». Indem er sich so ins supramentale Bewußtsein erhebt - erst ins kosmische und dann in das des Jenseits, fügt er seiner Bewußtheit neue Dimensionen hinzu. All dies ist mit Sicherheit möglich, obwohl wir wahrscheinlich zur Zeit noch nichts davon wissen. «Unser Selbst», sagt der Psychologe Jung, «als das Behältnis unseres ganzen Lebenssystems, beinhaltet nicht nur alle

Einlagerungen und die Summe aller vergangenen Erlebnisse, sondern ist auch der Ausgangspunkt, der fruchtbare Mutterboden, aus dem alles zukünftige Leben hervorgehen wird; die Vorahnung bevorstehender Ereignisse ist unserem inneren Gefühl ebenso gut bekannt wie die historische Vergangenheit. Der Gedanke der Unsterblichkeit, der diesen psychologischen Grundlagen entspringt, ist völlig berechtigt.»

In der irdenen Form gefangen und durch das Gemüt beherrscht, ist der Mensch innerhalb der unermeßlichen Schöpfung nur ein winziges Kind aus Lehm, unbedeutend an Wuchs und Kraft. Als Seele jedoch ist er grenzenlos und durchdringt alles; der scheinbar individualisierte Geist in ihm ist ein unbezahlbares Kronjuwel von unschätzbarem Wert. So sagt *Bheek*, ein Weiser der Mystik:

> O Bheek, keiner in der Welt ist arm,
> denn jeder trägt in seinem Gürtel einen
> kostbaren Rubin;
> Doch weiß leider niemand, wie man den
> Knoten löst,
> um an den Rubin zu gelangen, und so geht er
> betteln.

«Gott», sagt der Weise aus *Dakshneswar*, *Ramakrishna Paramhansa*[1], «ist in allen, aber nicht alle sind in Ihm.» *Guru Nanak* nennt uns den Ausweg, die Möglichkeit, das große Geheimnis zu ergründen und die Meisterschaft über alles andere zu erlangen: «Besiegt ihr das Gemüt, erobert ihr die Welt», heißt seine einfache Devise. Gegenwärtig wird das Gemüt zwischen zahllosen Wünschen unterschiedlicher Art hin- und

[1] *Ramakrishna Paramhansa*: (1836-1886) bedeutendster Yogi des 19. Jahrhunderts; Lehrer Vivekanandas

hergerissen, die es in verschiedene Richtungen ziehen. Es muß nach und nach wieder zusammengefügt und zu einem Ganzen gemacht werden, zu einem ungeteilten Ganzen, dessen Sein bis in jede Faser von der Liebe Gottes durchdrungen ist; denn nur dann wird es zu einem bereitwilligen Werkzeug, das dem Geist dient, anstatt ihn, wie es jetzt der Fall ist, ständig nach unten und außen, in die engen, beklemmenden Winkel, hierhin, dorthin und überallhin zu ziehen. Solange dieses hydraköpfige Ungeheuer nicht gebändigt und gezähmt ist, wird es weiter wie der Meeresgott *Proteus* in verschiedenen Verkleidungen und Gestalten wilde Possen treiben und wie ein Chamäleon nach Belieben immer wieder andere Grundfarben annehmen. Solange es mit der Erde und allem Irdischen verhaftet bleibt, nimmt es an Kraft und Stärke, die von der Mutter Erde stammen, weiter zu.

Daher muß es in die Luft hochgehoben und dort gehalten werden, wie es *Herkules* mit *Anthäus* tat, um sich von dem Riesen zu befreien, der solange unbesiegbar war, als er die Verbindung mit der Mutter Erde hatte, von der seine Kraft herrührte. Kommt das Gemüt einmal in Berührung mit der göttlichen Musik, die von oben herabklingt, wird es emporgehoben und verliert für immer jedes Interesse an den nach unten ziehenden Sinnesfreuden der Welt. Dies führt nach und nach zu einem regelrechten Absterben des Körpers, der dabei weit unten gelassen wird, wie auch des Gemüts, das etwas emporsteigt, um in seine ursprüngliche Heimat, das große Lagerhaus von Erinnerungen aus uralten Zeiten (*chitakash*), einzugehen. Von hier war es nach unten gelangt, indem sich die Lebensenergien (*Pranas*) auf das reine Bewußtsein senkten und es mit einer zweifachen Hülle (*manomai* und *pran-mai koshas*) umgaben. Sie bildete die mentale Vorrichtung, die es der Seele ermöglichte, mit einer weiteren Hülle, der physischen Hülle des Körpers (*ann-mai kosh*), zu wirken. Die letztere ist mit groben Sinnesorganen ausgestattet, die in der Welt der Sinneswahrnehmungen so unerläßlich sind.

In das Zaubergelaß des Körpers geschlossen, gefangen und eingezwängt, sind wir doch nicht daran gekettet. Nur weil wir nicht wissen, wie wir den im Körper wohnenden Geist von seinen Fesseln lösen und uns darüber erheben sollen, denken und handeln wir fortwährend als gefesselte Gefangene. Alle Meister früherer Zeiten haben uns einstimmig aufgefordert, «nach innen zu gehen» und im Inneren nach dem Leuchtfeuer, dem «Licht des Lebens», Ausschau zu halten, das unerschaffen und schattenlos ist und in seinem eigenen vollen Glanz alles durchstrahlt - der einzige Hoffnungsschimmer und die einzige Erlösung aus der alles umhüllenden Finsternis des dumpfen Gefängnisses, in dem wir uns befinden. Darüber wird gesagt:

> Und das Licht scheint in der Finsternis, und
> die Finsternis hat es nicht begriffen.
>
> (Joh 1,5)

> So schaue darauf, daß nicht das Licht in dir
> Finsternis sei.
>
> (Luk 11,35)

Dieses Licht ist es, das als der «Morgenstern» begrüßt wird und dem Gläubigen als des «Fußes Leuchte» dient; es entzückt zugleich das Gemüt und den Geist, die beide unbewußt davon angezogen werden. Sie beginnen in höhere Bewußtseinsbereiche, in überbewußte Bereiche aufzusteigen - auf dem hell erleuchteten Strom des Lebens, dem hörbaren Lebensstrom (*Shabd*), gleichsam von den Schwingen der Göttlichen Musik getragen, die von dem heiligen Licht ausgeht. Dieses Licht wird bildlich als *Pegasus*, das weißgeflügelte Roß der Götter oder «*barq*» (der Blitz) dargestellt, von dem es heißt, es habe den Propheten in den Himmel (*almiraj*) gebracht.

Die großen Meister aller Zeiten und aller Länder sprechen von diesem einzigartigen und wundervollen Haus, dem menschlichen Körper, dem wahren Tempel Gottes, in dem der Vater, der Sohn und der Heilige Geist wohnen. Solange der Sohn (der menschliche Geist) nicht durch die Gnade eines Gottmenschen mit dem Heiligen Geist (der Gotteskraft, die durch einen Gottmenschen leibhaftig offenbart wird) getauft ist, kann der verlorene Sohn, der zwischen den Wundern der wundersamen äußeren Welt umherirrt, nicht von selbst den Weg aus diesem Labyrinth zum Hause seines Vaters (Gott) finden; denn das ewige und grundlegende Gesetz lautet: «Im Fleisch (der irdenen Form) und durch das Fleisch (das fleischgewordene Wort) kommen wir zu Ihm, der jenseits des Fleisches ist» (*Augustinus*). Das Licht des Lebens ist in uns. Tag und Nacht brennt diese himmlische Lampe in der Kuppel des Körpertempels, ohne je zu erlöschen. «Wer immer durch dieses Licht der Lichter in höhere Bereiche gelangt, schwingt sich unbehindert empor.» Dies ist die Wahrheit und führt zur Wahrheit. «Wer die Wahrheit kennt, weiß, wo dieses Licht ist, und wer dieses Licht kennt, der kennt die Ewigkeit» (*Augustinus*), «und diese Erkenntnis (der Wahrheit) macht euch frei» (Joh 8,12), frei von jeder unüberwindlichen Versklavung, frei von dem Bedauern über die Vergangenheit, frei von den Ängsten der Gegenwart und den Schrecken des Todes, mit denen wir ständig leben. Das Wort oder der Heilige Geist ist die große Wahrheit, die der ganzen Schöpfung zugrunde liegt. «Alle Dinge sind durch dasselbe (das Wort) gemacht, und ohne dasselbe ist nichts gemacht, was gemacht ist», sagt Johannes. «Die ganze Welt ist aus *Shabd* hervorgegangen», verkündet uns *Guru Nanak*. Und weiter: «Mit einem einzigen Wort von Ihm wurde diese gewaltige Schöpfung ins Sein gebracht, und tausend Lebensströme sind ins Leben gerufen worden.» In den *Upanishaden* heißt es: «*Eko-aham, Bahu syaam*», das bedeutet: «Ich bin einer und will viele werden.» Die Mohammedaner nennen das Wort «*Kun-fia-kun*», Er wollte, und siehe, das ganze Universum entstand.

Folglich ist es die tätige Gotteskraft (Licht und Leben - die Melodie Gottes), die alles durchdringt, alles beherrscht, allem Sichtbaren und Unsichtbaren innewohnt und zahllose Schöpfungen schafft und erhält. Über die Schöpfung sagt uns *Nanak*: «Und zahllos sind Deine Stätten; unerreichbar und unzugänglich sind Deine unzähligen himmlischen Ebenen.» Selbst mit dem Wort «zahllos» können wir Ihn nicht beschreiben. Die Worte «zählen» und «zahllos» sind für den Allmächtigen in der Tat von geringer Bedeutung. Er, der allem innewohnt und der das ganze Leben der Schöpfung selbst ist, kennt jedes ihrer Teilchen.

Um das höhere Leben, das Leben des Geistes, besser verstehen zu lernen, muß man die Grenzen des irdischen Lebens tatsächlich überschreiten und durch die Tore dessen, was man als Tod bezeichnet, gehen und in der ätherischen nicht-irdischen Welt des Jenseits davon wiedergeboren werden. «Was vom Geist geboren wird, das ist Geist. Wundere dich nicht, daß ich dir gesagt habe: Ihr müßt von neuem geboren werden.» (Joh 3, 6-7). Diese Verbindung mit dem durch einen Gottmenschen im Inneren offenbarten «Licht des Lebens» ist es, die dem Wandern der Seele im sich ewig drehenden Rad der Geburten und Wiedergeburten ein Ende setzt.

Es heißt, daß die gesamte Schöpfung in acht Millionen und vierhunderttausend Arten (84 *lakhs*) eingeteilt ist: 1. die Geschöpfe des Wassers 900.000, 2. Geschöpfe der Luft 1.400.000, 3. Insekten, Nagetiere, Reptilien, etc. 2.700.000, 4. Bäume, Sträucher, Kräuter, andere Pflanzen und Schlinggewächse, etc. 3.000.000 und 5. alle Arten von Vierfüßlern und Tieren sowie die Menschen einschließlich Götter und Göttinnen, Halbgötter und Dämonen mit göttlichen Kräften sowie umherziehende Geistwesen, etc. 400.000.

Solange eine individuelle Seele, *jiva-atman*, nicht zu einem *atman*[2] befreit ist, dreht sie sich durch die zwingende Kraft der *Karmas* und Eindrücke, die von Leben zu Leben angesammelt wurden, in irgendeinem materiellen Körper weiter. Dies ist also ein Vorspiel zum wahren und ewigen Leben, das durch eine Verbindung mit der «Stimme des Sohnes Gottes» (d.h. die innere Musik, die von Ihm offenbart wird) entsteht, «und die sie hören werden (obwohl sie gegenwärtig taub dafür sind), die werden leben» (Joh 5,25); denn es steht geschrieben: «Dann werden der Blinden Augen aufgetan und die Ohren der Tauben geöffnet werden. Dann werden die Lahmen springen wie ein Hirsch, und die Zunge der Stummen wird frohlocken. Denn es werden Wasser in der Wüste (des menschlichen Herzens) hervorbrechen und Ströme im dürren Lande.» (Jes 35, 5-6).

«Wir sehen jetzt durch einen Spiegel ein dunkles Bild; dann aber von Angesicht zu Angesicht. Jetzt erkenne ich stückweise; dann aber werde ich erkennen, wie ich erkannt bin.» (1. Kor 13,12). *Nanak* schildert dies ähnlich: «Sobald der Geist auf den Tonstrom eingestimmt ist, beginnt er ohne die Augen (des Fleisches) das Licht Gottes zu sehen, ohne Ohren die Stimme Gottes zu hören, sich ohne Hände an der göttlichen Musik festzuhalten und auf Gott zuzugehen.» Und der große Lehrer fährt fort zu erklären: «Die sehenden Augen sehen nicht (die Wirklichkeit), aber durch die Gnade des *Gurus* beginnt man (die Kraft Gottes) von Angesicht zu Angesicht zu schauen. Das ist der Grund dafür, daß ein würdiger und ehrfurchtsvoller Schüler Gott überall wahrnehmen kann.» Unsere Sinnesorgane sind so beschaffen, daß sie uns nur in der physischen Welt helfen können, und das auch nur unvoll-

[2] *Atman*: absolutes oder universelles Bewußtsein

kommen; aber sie versagen uns den Dienst, wenn wir auf die Ebene jenseits des Physischen kommen.

«Ihre Ohren hören schwer, und ihre Augen sind geschlossen, damit sie nicht etwa mit den Augen sehen und mit den Ohren hören und mit dem Herzen verstehen und sich bekehren...» (Mt 13,15). Ein vollständiger Wandel, ein wunderbarer Wandel vollzieht sich nur, wenn man lernt, sich umzuwenden und sich freiwillig einem vollziehbaren Sterbevorgang zu unterziehen, solange man am Leben ist. Deshalb die Mahnung: «Lerne zu sterben (entziehe dich dem irdischen Leben), so daß du zu leben beginnen kannst» (frei und furchtlos leben im lebendigen Geist, frei von den begrenzenden Attributen der körperlichen Hüllen). Man muß also dem «Fleisch um des Geistes willen entsagen.» Liebe das Fleisch nicht mehr als den Geist, ist der uralte Rat des Propheten aus Galiläa.

Solange wir «im Körper zu Hause sind, sind wir nicht bei Gott». Und «je mehr man sich von sich selbst zurückzieht, desto näher kommt man Gott.» Nichts in der Schöpfung ist mit dem Schöpfer vergleichbar, denn was nicht Gott ist, ist nichts. Überschreitet das Bewußtsein durch die Verbindung mit der Meisterkraft, die den Körper durchströmt, die irdische Ebene (der Tod, wie er gemeinhin bekannt ist) und gelangt auf die spirituelle Ebene (Wiedergeburt oder zweite Geburt - Geburt des Geistes, wie man dazu sagt), geht man nie zugrunde. «Wenn euch alle anderen im Tode allein lassen, werde ich euch nicht verlassen und dafür sorgen, daß ihr nicht zugrunde geht.» «Wer überwindet (das Physische in sich überschreitet, indem er das Menschliche zum Übermenschlichen macht), dem soll kein Leid geschehen durch den zweiten Tod» (Off 2,11), denn «regiert euch der Geist, so seid ihr nicht unter dem Gesetz (dem Gesetz von Aktion und Reaktion oder von Ursache und Wirkung, was zu wiederholten Inkarnationen führt).» (Gal 5,18).

All dies ist nicht nur Theorie, sondern eine Tatsache - die «Tatsache des Lebens», denn die «Flamme des Lebens» kommt in jedem Einzelnen im Augenblick seiner Geburt, und jedem ist es gegeben, das Geheimnis des flammenden Tones und «die Geheimnisse des Himmelreichs (das Reich Gottes)» (Mt 13,11) zu erfahren. In dieser Wissenschaft vom Jenseits sind Logik und Beweisführung nicht am Platz. Nur tatsächliches Wahrnehmen führt zu Vertrauen und Glaube. Das Licht des Lichtes, der Vater der Lichter, *«jyoti swaroop Paramatma»* (der selbstleuchtende Gott), *«nooran-ala noor»* (das große himmlische Licht) und der Geist im Menschen (ein vom universalen Geist ausgehender Funke des göttlichen Lichts, ein Tropfen Bewußtsein aus dem Ozean des Bewußtseins, der als individualisierter, in verschiedene Hüllen gekleideter Geist erscheint) - sie alle befinden sich im menschlichen Körper (*narnaraini deh*); aber es mutet seltsam an, daß keiner, obwohl beide so nahe beisammen leben, das Gesicht des anderen gesehen hat; wir haben nämlich die öde Wildnis der Welt fälschlicherweise für unsere wirkliche Wohnstätte gehalten. Die Meister-Seelen berichten uns nicht nur von der Wirklichkeit und dem reichen Erbe, das uns zusteht, sondern verkünden uns wie Christus: «Ich will dir die Schlüssel des Himmelreichs geben.» (Mt 16,19).

Nanak sagt uns ebenfalls: «Der Meister besitzt den Schlüssel zu dem lebendigen Haus der Seele, die an Körper und Gemüt gefesselt ist; O Nanak, ohne einen vollkommenen Meister gibt es kein Entkommen aus dem Gefängnis.»

Aber wie viele von uns haben ihren ernst gemeinten Zusicherungen Glauben geschenkt? Und wie viele von uns sind bereit, die Schlüssel des Reiches in Empfang zu nehmen und dann auch noch die Stahltore hinter den Augen aufzuschließen? Noch viel weniger sind bereit, auf das Wort (das *Heilige Wort*) zu hören, von dem Christus sagt: «Wer mein

Wort hört... ist vom Tode zum Leben hindurchgedrungen» (Joh 5,24) - trotz unserer inbrünstigen täglichen Gebete, von der Unwahrheit zur Wahrheit, aus der Dunkelheit zum Licht und vom Tod zur Unsterblichkeit geführt zu werden! Es ist in der Tat ein seltsames Paradox, paradoxer als jedes Rätsel, das die Sphinx, das Ungeheuer von Theben, den Thebanern aufgegeben hat, paradoxer als die Rätsel des Lebens, die *Yaksha*, der dämonische Hüter des Teiches mit dem erfrischenden Wasser, den *Pandava*-Prinzen gestellt hat, die einer nach dem anderen dorthin kamen, um ihren Durst zu stillen, was ihnen jedoch nicht gelang, mit Ausnahme *Yudishtras*, dem Prinzen des *Dharma*, und die, weil sie die Rätsel nicht zu lösen vermochten, in Steine verwandelt wurden.

Führen wir nicht wirklich ein ödes und starres Leben, erstarrt wie im Tode, wie viele leblose Gegenstände, und warten auf die Ankunft des Friedensfürsten, auf daß er uns wieder zum Leben erwecke (zum ewigen Leben), indem er die Sphinx und den *Yaksha* von ehedem besiegt, die uns wie Drachen mit strengem Blick belauern, aus Furcht, wir könnten, angelockt vom legendären Goldenen Vlies, wie *Jason* mit dem vielbegehrten Preis aus ihrem Machtbereich entfliehen. Dies ist also das große Rätsel des Lebens, das es zu lösen gilt; denn, wenn wir es nicht lösen, ist unser kurzes Leben hier verkümmert und verkrüppelt.

Die meisten von uns führen lediglich ein animalisches Leben, leben wie Tiere ohne Verstand. Wir sind nie über die emotionalen und mentalen Welten hinausgelangt, die wir selbst um uns geschaffen haben und die uns nun in ihrem eisernen Griff festhalten. Das «Licht des Himmels» ist für die meisten von uns eine reine Erfindung der menschlichen Phantasie und keine Realität:

> Obwohl Er bei uns im Körper weilt,
> sehen wir Ihn nicht,

Schande über ein lebloses Leben wie dieses!
O *Tulsi*, ein jeder ist stockblind.

Kabir sagt uns:

Die ganze Welt tappt im Dunkeln, handelte es sich um einen oder zwei, könnte man sie auf den richtigen Weg bringen.

Nanak spricht ebenso:

Für den Erleuchteten sind alle vollkommen blind, denn keiner weiß von dem inneren Geheimnis.

Wiederum heißt es:

Die Augen des Fleisches sehen Ihn nicht, doch wenn der Meister die Augen im Inneren erhellt, beginnt ein rechter Schüler, die Kraft und die Herrlichkeit Gottes in sich selbst zu schauen.

Wie kommt es, daß wir Ihn trotz all unserer ernsthaften und gutgemeinten Bemühungen nicht sehen?

Von Finsternis umhüllt streben wir finster nach Gott, durch Taten, die nicht weniger finster sind; ohne einen vollkommenen Meister hat niemand je den Weg gefunden, und niemand kann dies so tun; aber wenn man einem vollkommenen Meister begegnet, beginnt man, Ihn zu sehen mit einem Auge, das im Innersten des Herzens geöffnet ward.

Nur durch die unmittelbare Verbindung mit dem Namen, dem Heiligen Wort, erfährt man, daß nichts anderes zu erkennen übrigbleibt, wenn man ihn erfahren hat. Im *Jap Ji* zählt der große Lehrer die zahllosen Segnungen auf, die von selbst herabzuströmen beginnen, so daß man die Wohnstatt aller Tugenden wird:

> Durch das Verbundensein mit dem Wort kann
> man den Status eines *Sidha*[3], eines *Pir*[4], eines
> *Suras*[5], oder eines *Nath*[6] erlangen;
> Durch das Verbundensein mit dem Wort kann
> man die Geheimnisse der Erde, des tragenden
> Bullen (*Dhaul*)[7] und der Himmel verstehen;
> Durch das Verbundensein mit dem Wort
> können wir unversehrt durch die Tore des
> Todes entkommen;
> O Nanak, Seine Ergebenen leben in ständiger
> Verzückung, denn das Wort wäscht jede
> Sünde und Sorge weg.
>
> Durch das Verbundensein mit dem Wort kann
> man die Kräfte von *Shiva*, *Brahma* und *Indra*
> erlangen;
> Durch das Verbundensein mit dem Wort kann
> man die Achtung aller gewinnen, ungeachtet
> der eigenen Vergangenheit;
> Durch das Verbundensein mit dem Wort kann
> man die Einsicht eines *Yogis* erhalten, wobei

[3] *Sidha*: ein mit übernatürlichen Kräften begabter Mensch
[4] *Pir*: Moslemheiliger oder spiritueller Lehrer
[5] *Sura*: Gottheit
[6] *Nath*: Yoga-Meister
[7] *Dhaul*: in der Dichtung der Bulle, der Himmel und Erde trägt

alle Rätsel des Lebens und des Selbst enthüllt werden;
Durch das Verbundensein mit dem Wort kann man die wahre Bedeutung der *Shastras*[8], *Smritis*[9] und der *Veden*[10] erkennen;
O Nanak, Seine Ergebenen leben in ständiger Verzückung, denn das Wort wäscht jede Sünde und Sorge weg.
Durch das Verbundensein mit dem Wort wird man zur Wohnstatt von Wahrheit, Zufriedenheit und echtem Wissen;
Durch das Verbundensein mit dem Wort erntet man die Früchte der Waschungen an achtundsechzig Pilgerstätten[11];
Durch das Verbundensein mit dem Wort gewinnt man die Ehre der Gelehrten;
Durch das Verbundensein mit dem Wort erreicht man das Stadium von *Sahaj*[12];
O Nanak, Seine Ergebenen leben in ständiger Verzückung, denn das Wort wäscht alle Sünde und Sorge weg.
Durch das Verbundensein mit dem Wort wird man zur Wohnstatt aller Tugenden;
Durch das Verbundensein mit dem Wort wird man ein *Sheikh*, ein *Pir* und ein wahrer spiritueller König;

[8] *Shastra*: Belehrung in literarischer Form
[9] *Smritis*: die alten Hindu-Schriften
[10] *Veden*: die ältesten Sammlungen religiöser indischer Literatur
[11] nach dem Hinduglauben wird man durch je ein Bad an 68 Pilgerorten gereinigt
[12] *Sahaj*: Dieser Begriff bezieht sich auf jenen Zustand, in dem man die Wirrnis der physischen, astralen und kausalen Ebenen mit ihren ganzen zauberhaften Ausblicken überschritten hat und im Innern das große Lebensprinzip erkennt.

> Durch das Verbundensein mit dem Wort
> findet der spirituell Blinde seinen Weg zur
> Verwirklichung;
> Durch das Verbundensein mit dem Wort
> überquert man das grenzenlose Meer der
> täuschenden Materie;
> O Nanak, Seine Ergebenen leben in ständiger
> Verzückung, denn das Wort wäscht jede
> Sünde und Sorge weg.

So sehen wir, daß das Geheimnis des Erfolgs hier wie auch im Jenseits darin liegt, das «Selbst» mit dem Überselbst oder dem Tonstrom in Einklang zu bringen; das ist der Inbegriff allen Seins. Daher ermuntert uns *Nanak*:

> Durch großes Glück wird man als Mensch geboren, und daraus muß man das Beste machen. Aber man steigt die Stufen der Schöpfung hinab, wenn man die Rettungsschnur im Inneren vorsätzlich losläßt.

Jemand, der die «Besitztümer der ganzen Welt gewinnt, aber seine eigene Seele verliert», befindet sich in der Tat in einer traurigen Lage. Weit davon entfernt, irgend etwas gewonnen zu haben, verliert er alles; es ist nicht wiederherzustellen oder zu ersetzen, und er leidet lange Zeit, bevor er wieder auf die menschliche Ebene kommt.

Hat man erst einmal die günstige Gelegenheit aus der Hand gleiten lassen, gehen die bisher erworbenen Gewinne über Bord und man müht sich hoffnungslos durch die Klippen und Untiefen im Strom des Lebens. Der Sturz von der höchsten Sprosse der Lebensleiter ist wahrlich ein schrecklicher Sturz!

Leben in Fülle

Diese Erde, Schauplatz so vieler Kämpfe und Mühen, voller deutlich spürbarer Gegensätze und Widersprüche bietet ein weites Panorama des Lebens in seinen verschiedenen Formen und Farben und ist doch nichts als ein Körnchen in der grenzenlosen Schöpfung des großen Schöpfers:

> Die Schöpfung hat kein Ende; es gibt zahllose
> Lebensformen unterschiedlicher Namen,
> Arten und Farben; von der ewig gleitenden
> Feder des Schöpfers auf die objektive Welt
> niedergeschrieben.
>
> *Nanak*

Trotz all ihrer scheinbaren Unvollkommenheit dient diese Welt einem nützlichen Zweck im göttlichen Plan, so wie ein vermeintlich unwichtiges Rädchen in der Maschinerie eines großen Kraftwerkes. Die Natur, das Werk Gottes, ist keineswegs üppig in Planung und Formgebung. Diese Welt ist ein Zuchthaus, eine Erziehungsanstalt, eine Art Fegefeuer, ein Ort der Sühne, eine Schulungsstätte, wo die Seelen durch Erfahrung gereinigt werden. Sie ist eine Zwischenstation zwischen den physischen und den spirituellen Ebenen. Die Mächte der Erde sind strenge Zuchtmeister, die noch immer an das alte Gesetz Mose «Aug' um Auge, Zahn um Zahn» glauben. Hier werden alle Arten von Foltermethoden angewandt und harte Schläge ausgeteilt; sie gewähren weniger als das, was rechtens ist, kennen keine Milderung aus Mitleid oder Gnade, so daß man seine Lektionen ernst nimmt und, sich allmählich vom Pfad der Welt abwendend, sich auf den

Pfad Gottes begibt. Das Leben auf Erden ist also eine furchtbare Angelegenheit, «verdunkelt durch Angst und Schrekken», und wir sind die vor langer Zeit in der irreführenden Wildnis der Welt verlorengegangenen Kinder Gottes.

Evolution liegt in der Natur lebender Monaden, und sie besteht darin, daß sie sich auf ihren Ursprung hinbewegt, um eins mit ihm zu werden; denn wahres Glück liegt in «göttlicher Gemeinschaft, der Gemeinschaft mit dem Wesentlichen, bis wir erstrahlen, vollkommen verwandelt und frei vom Raum». Aber die Tragödie des irdischen Lebens liegt darin, daß «wir nicht wissen, was wir sind und noch viel weniger, was wir werden können»; denn «was wir sind, das sehen wir nicht; was wir sehen, ist unser Schatten». Unser «inneres Wesen» ist nach dem Bilde Gottes geschaffen, so daß es keine Ruhe findet, bis es in Ihm ruht. «Eine wahrhaft religiöse Erfahrung», sagt *Plotin*, «besteht darin, daß die aus dem Himmel verbannte Seele ihre wahre Heimat findet». Und diese Erfahrung können auch wir machen, wenn wir nur erkennen, wie wir das Selbst aus den Fesseln und Fallstrikken von Körper und Gemüt lösen können.

Selbsterkenntnis und Gotteserkenntnis sind die höchsten Ziele des irdischen Daseins. Selbsterkenntnis geht der Gotteserkenntnis voraus. «Erkenne dich selbst» war in der Antike stets ein Glaubenssatz. Zuerst legten die Griechen und später auch die Römer großen Nachdruck auf «gnothi seauton» und «nosce te ipsum», wie sie es jeweils nannten; und beide Ausdrücke stehen für «Selbsterkenntnis» des «Selbst» in uns. Das Wissen vom Selbst oder das «*Atma Jnana*» der Hindu-*Rishis*[1] und das «*khud shanasi*» der Moslem-*Derwische*[2] kommt zuerst. Dem folgt die Erkenntnis und Erfahrung des Über-

1 *Rishi*: Hindu-Weiser, Erlöster
2 *Derwisch*: Asket, Mönch bei den Mohammedanern

Selbst, *Paramatman* oder *Rab-ul-almeen*, und dies wird *Khuda Shanasi* oder «Wissen von Gott» genannt.

Der Vorgang der Selbsterkenntnis, bei dem das Selbst aus dem gewaltigen Labyrinth von Gemüt und Materie befreit werden kann, beginnt damit, daß man sich nach innen wendet und die Aufmerksamkeit, also den äußeren Ausdruck des Geistes in der äußeren Welt, in sich zurückzieht. Es ist die Kunst der Umkehr von der Welt der Sinne zu der Welt im Innern, über die physischen Sinne hinaus - was in der Fachsprache als *Para Vidya*, die Wissenschaft vom Jenseits, bezeichnet wird. Das eigentliche Leben oder die Wirklichkeit kann man nur in einem todesähnlichen Zustand kennenlernen, einem Zustand, der eintritt, wenn man die Sinnesströme bewußt vom Körper zurückzieht und am Augenzentrum sammelt. Das Leben ist «ein aktives Prinzip, das allerdings den Sinnen und der Wahrnehmung entzogen ist».

Im täglichen Leben sind wir für alle Arten von Begierden anfällig - für Begierden des Fleisches, der Augen, Ohren und der anderen Sinnesorgane - und wir werden ständig von zahllosen Bindungen getrieben, von unzähligen Hoffnungen und Wünschen, die den wechselnden Sehnsüchten des Herzens und dem in den Tiefen des Gemüts Verborgenen entspringen. Unmerklich und unentwegt schleichen sich alle Formen von Zuneigung und Abneigung, Stolz und Vorurteil, Liebe und Haß und vieles andere in unser Bewußtsein ein, in unser individuelles Bewußtsein; sie verzehren unsere Energie und halten uns vom höchsten Ziel und der Sinnerfüllung des Lebens ab - der Selbstverwirklichung. Diese Unwissenheit über den Zweck des Lebens ist eine schwerwiegende Krankheit, von der wir heimgesucht sind; und sie ist die Ursache für Knechtschaft, für die Knechtschaft der Seele in einer Welt, die «bis zum Bersten mit Sünde und Leid erfüllt ist». Und doch ruht eine Kraft tief in uns, die die Seele zu neuem Leben erweckt. Dazu müssen wir von der Dramatik hektischer Aktivität ablassen und die ruhende Mitte unseres Seins im Inneren des menschlichen Körpers finden, wo die alles durchdringende und ganz und gar unabhängige Kraft wohnt.

Dieser Körper ist wahrlich der Tempel Gottes, und der heilige Geist wohnt in ihm. So muß diese gegenwärtige Aktivität ganz umgekehrt und in die entgegengesetzte Richtung gelenkt werden. Emerson nennt dies «innen anklopfen»; und Präsident Truman bemerkte einmal, daß er «in den Schützengraben des Kopfes» gehe, denn dorthin ging er, wenn er Ruhe und Entspannung von der Bürde seines hohen Amtes suchte, um sich zu erholen. Die Veden bezeichnen es als «*Brahmarendra*» oder das Loch, durch das man mit *Brahman*[3] in Verbindung kommen kann.

«Klopfet an, so wird euch aufgetan», sagt Matthäus vielsagend genug. Diese Worte deuten an, daß im Inneren des Körpers eine Tür ins Jenseits führt, in das Reich Gottes. Und von diesem Eingang wird gesagt: «Wie eng ist die Pforte, und wie schmal ist der Weg, der zum Leben führt; und wenige sind es, die ihn finden!» Diese Pforte ausfindig zu machen und das Hindurchgehen zu erfahren, bringt die eigene Überzeugung; denn nichts ist wirklich, solange es nicht erfahren wurde. Der Intellekt ist begrenzt und ebenso das Denken, das auf ihm beruht. Die heiligen Schriften sprechen von Wahrheit, beweisen sie jedoch nicht, und noch weniger schaffen sie eine Verbindung mit ihr. Logisches Denken basiert nur auf Schlußfolgerungen, und man kann sich darauf nicht hundertprozentig verlassen. Gewißheit stellt sich erst ein, wenn das «ewige Wort spricht». Der kürzeste, schnellste und sicherste Weg, die Wahrheit zu ergründen, sei ein Todessprung

[3] *Brahman*: Überseele, Gott

(ins Unbekannte), sagt der große Philosoph *Henri Bergson*[4]. Wahrnehmung, Intuition und logisches Denken helfen uns, bis zu einem gewissen Ausmaß die Wirklichkeit auf der Ebene des Intellekts zu verstehen; aber Sehen heißt Glauben, inneres Sehen mit dem eigenen Auge, dem sogenannten «einfältigen Auge». Von diesem Zutritt oder Durchgang wissen die Menschen im allgemeinen wenig. *Nanak* erklärt mit Nachdruck: «Die Blinden finden die Tür nicht.» Um die «enge Pforte» und den «schmalen Weg» zu finden, die zum Leben führen - zum ewigen Leben des Geistes im Gegensatz zu dem Leben des Fleisches - ist es notwendig, mit dem, was wir gegenwärtig tun, nämlich nach unten und nach außen gehen, aufzuhören und die nach außen gehenden Kräfte des Gemüts am Sitz der Seele, hinter und zwischen den Augen, zu sammeln. Mit anderen Worten, wir müssen das Zentrum unseres Seins vom Herzzentrum, wo es sich gegenwärtig aufhält, zum Augenzentrum (*Tisra Til* oder *Nukta-i-sweda*) verlagern und das «einfältige Auge» entwickeln, von dem Jesus sagt: «Wenn dein Auge einfältig ist, wird dein ganzer Leib licht sein.» (Lk 11,34). Dieses «einfältige» oder «dritte Auge», welches von den Weisen unterschiedlich als *Shiv netra*, *Divya chakshu* oder *Chashm-i-batin* bezeichnet wird, verschafft den Zutritt zur spirituellen Welt, dem Reich Gottes - jetzt für die meisten von uns ein in Vergessenheit geratenes Reich. Hier muß man im Innern anklopfen und immer wieder als ungeteiltes Individuum fest, mit voll konzentrierter und unabgelenkter Aufmerksamkeit klopfen, um den Weg nach Innen zu finden und Zutritt zur Astralwelt zu erlangen.

Daher die Ermahnung: «Jetzt ist es an der Zeit, zu erwachen und liebevoll des Herrn zu gedenken.» Aber wie? Wir

4 *Henri Bergson*: bedeutender franz. Philosoph (1859-1941), Nobelpreisträger. Kam zu dem Schluß, daß das Wesen der Wirklichkeit nur intuitiv zu erfassen und dabei alle Verstandeserkenntnis auszuschalten sei.

haben Ihn nicht gesehen. Und man kann sich weder auf die formlose Leere, die Er ist, konzentrieren noch sie betrachten. Im gleichen Atemzug rät der Weise auch: «Lernt dies (wie man dem Absoluten näherkommt) von einem Gottmenschen.» Was sagt der Gottmensch? «Hefte deine Aufmerksamkeit auf den Augenbrennpunkt, den Sitz Lord *Shivas*[5] (dem *Shivnetra*), denn dann wird alles zur rechten Zeit von selbst folgen, weil du die Erfahrung vom 'Selbst' in dir erlangst.»

Die Meister sagen uns, daß die gesamte Welt blind im Dunkel tappt und den flüchtigen Schatten nachjagt, die sich nicht fassen lassen und sich stets in luftiges Nichts auflösen, sobald wir uns ihnen nähern. Dabei liegt die Quelle aller Glückseligkeit und Harmonie unangetastet im Inneren am Augenzentrum; dies ist im Wachzustand der Sitz der Seele im Körper. Wenn man das Zentrum gefunden hat, erhält man Zugang zu den Bereichen, die außerhalb des weitesten Horizontes des menschlichen Verstandes liegen und eine Verbindung damit. Die Sinnesorgane, mit denen wir ausgestattet sind, stellen für uns das einzige Mittel dar, Wissen zu erlangen. Die Seele ist ohne die Sinne vollkommen, denn sie arbeitet unmittelbar und ohne Verzögerung, nicht auf Umwegen oder durch Vermittler. Sie hängt nicht wie das weltliche Wissen von äußeren Hilfen ab. Hat man diese Verbindung erhalten, wird man Schritt für Schritt in die wahre Heimat des Vaters geführt. Dies bedeutet ein Leben in Fülle. Dreifach gesegnet ist der Mensch, denn ihm wurde die Fähigkeit verliehen, sowohl die astrale als auch die kausale Ebene zu durchqueren und ins Jenseits (*Brahm* und *Par Brahm*) zu gelangen, der Region immerwährender Glückseligkeit außerhalb der Grenzen der sich ständig wiederholenden Schöpfung, jenseits von Auflösung und großer Auflösung. Doch

[5] *Shiva*: Einer der drei Hindugottheiten: Brahma, Vishnu und Shiva (Schöpfer, Erhalter und Zerstörer)

solange man sich nicht von der Welt und auch nicht von sich selbst, das heißt von Körper, Gemüt und Intellekt zurückzieht, kommt man Gott in keiner Weise näher. «Erst wenn der äußere Mensch stirbt, der Mensch sich über den Menschen im Körper erhebt, wird der innere Mensch, der Geist, erneuert, und er erreicht die schwindelnden Höhen des Berges der Verklärung und wird ein vom Körper und seinen Behinderungen befreiter Geist, der fähig ist, im Innern eine Begegnung mit den Meistern vergangener Zeiten, wie Moses und Elias, zu erfahren» (vgl. Mt 17) und «mit dem Herrn das Passahfest zu feiern» (Mt 26 und Mk 14). Hier an diesem Ort erwartet der Herr seine Schüler. «Siehe, ich stehe vor der Tür und klopfe an. Wer meine Stimme hört und die Tür öffnet, zu dem werde ich eintreten, und wir werden Mahl halten, ich mit ihm und er mit mir.» (Off 3,20). Was uns Johannes hier offenbart, erfuhr er, als er in «Geist» verwandelt war, und er spricht von der Ankunft des Herrn als der eines «Diebes in der Nacht», also in der Finsternis der Seele. *Hafiz*, ein berühmter persischer Mystiker (1327-1390), bezeugt ebenfalls: «Der *Murshid* kommt in der Finsternis mit einer Laterne in der Hand.»

«Der Weg zu Gott», sagt der Prophet Mohammed, «ist schmaler als ein Haar und schärfer als eine Rasierklinge.» *Nanak* beschreibt ihn als Schwertspitze, *Khande-di-dhar*, und als dünner als ein Haar; und man muß tatsächlich eine dem Tode ähnliche Erfahrung durchleben. In diesem Zusammenhang sagt *Plutarch*: «Im Augenblick des Todes erfährt die Seele die gleichen Eindrücke und macht das gleiche durch wie diejenigen, die in die großen Mysterien eingeweiht wurden.» Doch wie viele von uns sind bereit, den Todesvorgang zu vollziehen, während sie leben? Wir haben alle fürchterliche Angst vor dem Tod. Und warum ist das so, wo wir doch wissen, ja ganz genau wissen, daß er das unausweichliche Ende aller geschaffenen Dinge ist?

Nach den Gründen hierfür muß man nicht lange suchen. Der Hauptgrund liegt darin, daß wir zu unseren Lebzeiten noch nicht gelernt haben, «auf Wunsch zu sterben»; ein zweiter darin, daß wir nicht wissen, was nach dem Tode geschieht, wohin wir gehen und was jenseits der Falltür des Todes liegt. Deshalb bereitet uns der Tod Schrecken und der bloße Gedanke an den Tod versetzt uns in einen Zustand furchtbaren Grauens.

> Die ganze Welt hat schreckliche Angst vor
> dem Tod. Und jeder möchte ewig leben. Wer
> durch die Gnade des *Gurus* während des
> Lebens zu sterben lernt, begreift die göttliche
> Weisheit.
> O Nanak, wer solch einen Tod stirbt, gewinnt
> für sich das Geschenk des ewigen Lebens.

Der Tod ist im Grund kein schreckliches Ereignis. «Wie zauberhaft ist die göttliche Philosophie; nicht hart und bitter, wie die Unwissenden glauben, sondern lieblich und wohlklingend wie die Laute Apolls - und ein nicht enden-wollendes Fest nektargleicher Süße.» In Wirklichkeit eröffnet er einem neue Ausblicke und neue Horizonte des Lebens jenseits des Grabes und jenseits der Flammen, welche die sterblichen Überreste verschlingen, begraben und auslöschen. Mit «Staub bist du und zu Staub sollst du wieder werden» ist nicht die Seele gemeint. Das Lebensprinzip, das tatsächlich in uns und in allen anderen Lebewesen ist, vergeht niemals. Nur die Grundbausteine machen einen Wandlungsprozeß durch, den wir irrtümlicherweise als Tod bezeichnen und fälschlicherweise als Vernichtung verstehen.

«In der Natur nährt der Tod das Leben, und das Leben erhellt den Tod.» Das universale Gesetz herrscht überall und auf allen Existenzebenen. «Die Weisen enthüllen, daß die

Wahrnehmung der Wirklichkeit durch das Auslöschen des Ichs kommt, des körperlichen Ichs, in dem der Geist gefangen ist.» In dem Moment, in dem der Geist von selbst die Fesseln zerreißt, bricht etwas mit einer «überwältigenden Helligkeit aus der Welt hinter der Welt» über den Geist herein und macht ihn zum «Propheten des höchsten Gottes». «Auf dem Berg der Verklärung empfängt man die Offenbarungen und sieht das Verschmelzen von Himmel und Erde.» Hier erfährt man, daß «die Dunkelheit hell wird und die Leere fruchtbar.»

Jeder muß natürlich eines Tages sterben, ob Mensch oder Tier, ob reich oder arm, gesund oder krank, jung oder alt. Die Seele, die das physische Gewand anlegt, muß dieses eines Tages wieder abwerfen. Nur der Tod ist gewiß und wirklich, während das Leben (auf dieser Welt) ungewiß ist. Wir halten selten inne, um uns über die lange Reise, die unserem inneren Sein bevorsteht, Gedanken zu machen. Gewöhnlich beklagen wir den Tod anderer und trauern viele Tage um sie und sind doch nicht klug genug, uns um unser eigenes Ende zu kümmern und uns auf die letzte Reise ins große Unbekannte vorzubereiten, das uns nach dem Ende dieses Lebens erwartet. Bevor wir uns zur Beschreibung des Sterbevorgangs anschicken - so praktisch und informativ sie auch sein mag - würde es sich zumindest lohnen, daß wir erkennen, was wir sind, wer wir sind, woher wir kommen, wohin wir gehen und vor allem, was der Sinn und Zweck des Lebens ist.

In seiner gegenwärtigen Verfassung ist der Mensch eine Zusammensetzung aus Körper, Gemüt und Intellekt mit einer großen Antriebskraft hinter sich, die Seele genannt wird. Von Zeitaltern geformt und umgeben fließt unsere Aufmerksamkeit beständig durch die neun Tore des Körpers nach außen und unten - durch die Augen, die Ohren, die Nasenöffnungen, durch den Mund und durch die beiden Ausgänge der unteren Körperhälfte. Nicht, daß wir dies wollen oder freiwillig tun, doch es ist uns einfach zur Gewohnheit geworden. Wir sind noch nicht Herr des Hauses, in dem wir wohnen. Wir werden ständig von dem Gemüt und den Sinnen durch die verschiedenen Sinnesorgane in die weiten und vielfältigen Bereiche der Sinnesfreuden gezogen. Diese ständige Gemeinschaft des Selbst in uns (die Aufmerksamkeit) mit dem Gemüt und den materiellen Objekten hat uns nicht nur erniedrigt, sondern uns auch bis zur Unkenntlichkeit entstellt, und nun wissen wir nicht mehr, was wir wirklich sind. Wir haben uns so sehr mit unseren begrenzenden Beigaben identifiziert, daß wir nichts mehr unabhängig und getrennt davon erkennen können.

Nur wenn das Selbst von Persönlichem freigemacht wird, indem es die wertlose Maske der Persönlichkeit, die es sich selbst aufgesetzt hat, ablegt, wird es zum unbedeckten Selbst, rein und schlicht, losgelöst von den zahllosen begrenzenden Kräften wie

1. dem Gemüt, das über die Fähigkeit verfügt, Eindrücke zu speichern (*chit*), wahrzunehmen (*manas*), das Denkvermögen (*buddhi*) einzusetzen und den Bezug zum Ich oder Ich-Ausdruck (*ahamkar*) herzustellen;
2. den physischen (*ann-mai*), feinstofflichen (*pran-mai* und *man o-mai*) und kausalen (*vigyan-mai* und *anand-mai*) Hüllen oder Umkleidungen;
3. den angeborenen und natürlichen Neigungen der Aufrichtigkeit (*satva*), der rastlosen Unruhe (*rajas*) und der auf Unwissenheit beruhenden Trägheit (*tamas*);
4. den fünf Elementen (*tattvas*) Erde, Wasser, Feuer, Luft und Äther, aus denen die gesamte physische Schöpfung gemacht ist, und
5. den fünfundzwanzig in unterschiedlichen Mengenverhältnissen zusammengesetzten Elementen (*prakritis*), aus denen die physischen Formen oder Körper gemäß der karmischen Rückwirkungen in unterschiedlichen Gestalten, Mustern,

Schattierungen und Farben geschaffen sind. Das in so vielen Netzmaschen verfangene Selbst kann seine eigene wahre Natur nicht erkennen, geschweige denn seine göttliche Herkunft und sein reiches Erbe; dies alles kommt nur ans Licht, wenn das Selbst zu sich kommt und sich als das aus sich selbst heraus strahlende «Selbst» erkennt.

Wir wollen sehen, was einige englische Denker in diesem Zusammenhang zu sagen haben:

> «Der Mensch ist eine kleine Welt in sich selbst,
> geschickt erschaffen aus Elementen und
> einem engelsgleichen Geist. Seine gottgleichen
> Qualitäten wurden durch den Sündenfall
> verdorben und er wird immerfort von Gottes
> Zorn heimgesucht, von Kriegen, Seuchen und
> Unwettern. Doch könnte er sich eines zivilisierten Glücks erfreuen, sofern er die Welt als
> Vorbereitung für die nächste betrachtete und
> den Körper seiner Seele unterstellte.»
>
> *J. Donne*

> «Wie auf Veränderlichkeit bauen? Ist doch in
> dieser Welt nichts von Dauer.»
>
> *Skelton*

> «In dem allumfassenden Bereich des animalischen Instinkts herrscht ein verborgener
> Drang, der die auserwählten Menschen dazu
> treibt, sich über die tierischen Triebe zu
> erheben. Dieses Überwinden der animalischen
> Triebe zeigt sich in völligem Desinteresse
> (gegenüber allen Dingen der äußeren Welt).
> Der Drang des animalischen Ichs bleibt

vollständig unbeachtet; und das Zeichen für diese Nichtbeachtung ist die freiwillige Hingabe an einen 'selbst erstrebten Tod' und daß man die Auslöschung des animalischen Instinkts, der sich dagegen wehrt, hinnimmt... (solange, bis auf der subjektiven Seite nichts als reine Bewußtheit übrigbleibt und man in ein höheres Wesen umgewandelt ist, das man sich vorstellt).

Nichts wird jemals wirklich, bevor es nicht (tatsächlich) erfahren wird - selbst ein Sprichwort ist erst dann ein Sprichwort, wenn es durch euer Leben erklärt wird. Aber wie viele Philosophen sind zu dieser Erkenntnis gelangt?

Hierfür muß das Gemüt wieder als Empfindungsfähigkeit integriert werden (zu einem ungeteilten Ganzen werden), was eine Einleitung und eine notwendige Voraussetzung für die völlige Loslösung von ihm ist. Das Ich muß eine Ganzheit sein, bevor man sich vollständig von ihm (von Körper, Gemüt und Intellekt) lösen kann. Dann ist es ein Sinn, der alles wahrnimmt und die Gesamtheit des Seins im Licht der Ewigkeit erfaßt. So wie wir Zugang in die Welt des Seins erlangen, wird uns ein alles umfassender Einblick zuteil.»

Middleton Murray

«Es besteht eine Verbindung zwischen Mysterium und Mysterium, zwischen der unbekannten Wirklichkeit; an einem bestimmten Punkt

im Gewebe des Lebens scheint die verborgene
Wahrheit den Schleier zu durchbrechen.»

Ibid

Wie kann nun dieser innere Drang befriedigt werden? Der Vorgang, bei dem man ganz in den Augenbrennpunkt (in das Tor zum sogenannten Tod) eindringt und dort verweilt, ähnelt zum Teil dem Todesvorgang. Das Zurückziehen der Sinnesströme vom Körper unterhalb der Augen ist ein willkürlicher Vorgang, wobei man die Geheimnisse des Jenseits erfährt, in die der Schüler von einer Meisterseele, *Sant Satguru*, zu Lebzeiten eingeführt wird. Der Meister vermittelt eine direkte innere Erfahrung von der bewußten Verbindung mit dem heiligen *Naam* - dem göttlichen Licht und dem heiligen Tonstrom (Heiliger Geist), der von rechts kommt - es sind die niedrigsten Ausdrucksformen des Göttlichen im Inneren.

Man kann nicht ohne Führung und Hilfe durch seine alleinigen Bemühungen Zugang in die Welt des Geistes erlangen, kann man doch nicht einmal in der physischen Welt von der Wiege bis zum Grab ohne die aktive Unterstützung und Führung so vieler Lehrer bestehen. Vor allem hierin liegt die Notwendigkeit und Bedeutung des *Satgurus* oder vollkommenen Meisters und *Adepten* in der Wissenschaft und Kunst der Seele (*Murshid-i-Kamil*). Er ist so kompetent, daß er unsere Geistesströme aus jeder Pore unseres Körpers, also von der Ebene der Sinneswahrnehmungen, zurückziehen und sie über das Körperbewußtsein erheben kann, damit man selbst Zeuge der göttlichen Herrlichkeit im Inneren wird.

Mit dem Zurückziehen der Sinnesströme aus dem Körper beginnt dieser dem Sterben ähnliche Vorgang. Man braucht nichts weiter zu tun, als sich in ruhiger, gelassener und vollkommen entspannter Haltung hinzusetzen, die Aufmerksamkeit am Augenbrennpunkt zu fixieren und sich auf den

Simran, die Wiederholung der geladenen Namen zu konzentrieren, die alle Zeiten hindurch den Lebensimpuls des Meisters in sich tragen und als Kennworte für die Ebenen im Jenseits dienen. Während man so in bequemer Haltung (*Asana*) und in gesunder Umgebung dasitzt, vergißt man sich selbst und auch die lebensspendenden und lebenserhaltenden Lebensenergien (*Pranas*), die allmählich von selbst langsam und gleichmäßig werden; das gleiche geschieht mit dem Atmungs- und Kreislaufsystem des Körpers. Als erstes beginnen sich die Sinnesströme langsam aus den Extremitäten des Körpers, angefangen bei den Fingerspitzen und Zehenspitzen, zurückzuziehen, nach oben zu gehen und allmählich die verschiedenen Körperzentren zu durchqueren, von denen jedes dieser Zentren die Region eines der fünf Elemente ist, aus denen sich der Körper zusammensetzt, bis sie, nachdem sie aus dem Herzzentrum herausgezogen wurden, das Kehlkopfzentrum erreicht haben - den Sitz von *Shakti*, der Mutter des Universums, der alles durchdringenden Energie; dabei wird der gesamte körperliche Organismus unterhalb der Augen empfindungslos.

Schließlich gelangen die Sinnesströme direkt zum Zentrum hinter den Augen (*Ajna Chakra*). Hier werden die Geistesströme gesammelt, finden Zugang zum «Schützengraben» im Inneren, zu *Brahmarendra* oder der Höhle von *Brahman*, und bekommen Einblick in das kosmische Universum (*Brahmand*). Dies ist die zehnte Öffnung im Körper, der einzige Eingang neben den neun Ausgängen. Dies ist die Stelle, wo man anklopfen muß, um in die oberen Bereiche eintreten zu können - Bereiche, die größer und herrlicher sind, die aus sich selbst heraus strahlen und in denen die entzückenden Melodien göttlicher Musik widerklingen, Melodien, die in der physischen Welt, die man hinter sich zurückgelassen hat, niemals zu hören waren. Diese ist nun nichts weiter als ein großes Elendsviertel voller Leid und

Sorgen; sie «verblaßt zu einem schwachen Abbild der Welt der Ideen», wie *Platon* es bezeichnet.
Auf dieser Stufe wird der Mensch fürwahr gesegnet, da er hier Zugang zur ätherischen Region, zur Welt der Geistwesen, hat. Er befindet sich nun an der Schwelle zur Astralwelt in Gemeinschaft mit der strahlenden Gestalt der Meister (*Guru Dev*), wobei seine Hingabe an den *Guru* (*Gurubhakti*) in jeder Hinsicht vollkommen ist. Erreicht ein Schüler die strahlende Gestalt des Meisters, ist die Zeit seiner eigenen Anstrengungen vorüber. Der *Guru Dev* nimmt nun die Seele in seine Obhut und schult sie im wahrsten Sinne des Wortes in *Shabd-bhakti*, der Hingabe an den Tonstrom, der seine eigene wahre Gestalt (*Shabd Swaroop*) ist. Von da an nimmt er die Seele mit auf die spirituelle Reise, die durch zahllose Regionen von unterschiedlicher spiritueller Großartigkeit führt: durch die kausale oder instrumentale Ebene, die Welt der Saaten, die ewig fruchtbare Mutter mit zahllosen großen Schöpfungen in ihrem Schoß; von hier aus in das überkosmische Jenseits (*Par Brahmand*), die Ebenen der Stille (*Sunn*) und der großen Stille (*Maha Sunn*) und schließlich zu *Sach Khand*, wo der gestaltlose Eine wohnt, dessen unbeschreibliches Strahlen das Meer des Bewußtseins (*Sat Purush*) genannt wird - die erste Offenbarung des Höchsten Wesens. Dieser heilige Vorgang ist einfach, natürlich und mit keiner unangenehmen Entbehrung verbunden. Er erfordert keine drastische Kontrolle der *Pranas*.

Die Meister haben diese seltene Methode entwickelt und sie «Wissenschaft der Seele» genannt, die am besten unter der fähigen und kompetenten Führung eines Meister-Heiligen erlernt werden kann, der mit der Theorie und der Praxis des Lebensstromes bestens vertraut ist, welcher allen erschaffenen Dingen innewohnt und die schaffende und erhaltende Grundkraft für alles darstellt. Alle Schriften der Welt bezeugen diese grundlegende Wahrheit:

Im Anfang war *Prajapati* (das höchste Wesen),
Bei ihm war *Vak* (das heilige Wort).
Und *Vak* (das Wort) war wahrlich das höchste
Brahma (*Param Brahma*).

Veden

Im Anfang war das Wort und das Wort war bei Gott und Gott war das Wort. Dasselbe war im Anfang bei Gott. Alle Dinge sind durch dasselbe gemacht, und ohne dasselbe ist nichts gemacht, was gemacht ist. In ihm war das Leben, und das Leben war das Licht der Menschen.

Joh 1,1-5

Kalam oder *Kalma* ist das universale Schöpfungsprinzip. Gott sprach: «*Kun-fia-kun*», es werde, und durch diesen Befehl kam die gesamte Schöpfung ins Sein.

Koran

Shabd ist der Schöpfer der Erde.
Shabd ist der Schöpfer des Firmaments.
Shabd ist die Quelle des Lichts.
Und *Shabd* wohnt im Herzen aller.

Nanak

Von diesem grundlegenden Prinzip in allem Seienden, dem Licht und dem Ton Gottes, gibt der Meister all jenen, die auf der Suche nach der Wahrheit zu ihm kommen, eine praktische Erfahrung. Der seltene Segen der heiligen Einführung (*Initiation*) in das esoterische Wissen und die Erfahrung der Rettungsschnur im Inneren, ihre theoretische Erläuterung und ihre Veranschaulichung (*shiksha* und *diksha*) ist nicht das Ziel an sich, sondern lediglich ein Anfang, ein erster Schritt auf der langen Reise der Seele in die wahre Heimat des Vaters. Wer diesen Lebensweg gewählt hat, ist in der Tat begünstigt und erfährt das seltene Phänomen des «Sterbens im Leben» und wird so ein befreites Wesen (*jivan-mukat*), während er noch im Körper ist und auf jeder beliebigen Ebene ein Leben in Fülle führt, wobei er jedoch im Einklang mit dem Willen Gottes bleibt. Solch ein glücklicher Mensch hat, ganz in Gott verwurzelt, Intellekt, Gemüt und Sinne vollständig in seiner Hand. Er ist der Herr des Hauses und nicht der Knecht seines Gemüts und Intellekts. Wie ein guter Kutscher, der im Wagen des Körpers sitzt, lenkt er seinen Intellekt in die richtige Richtung, und dieser wiederum führt sein Gemüt den rechten Weg; und wenn das Gemüt auf den Pfad der Rechtschaffenheit gestellt wurde, weigert es sich, von den Sinnen beherrscht zu werden, die nach und nach ihre Macht verlieren und aufhören, vom Blendwerk der sinnlich wahrnehmbaren Dinge angezogen zu sein. So wird der ursprüngliche Vorgang, nach außen zu gehen, umgekehrt, und man kommt zur inneren Ruhe, so daß die stillen Wasser des Gemüts beginnen, das Licht Gottes widerzuspiegeln, und sich der uralte Grundsatz erfüllt: «Ehe die Sinne nicht bezwungen, das Gemüt nicht beruhigt und auch der Intellekt nicht in einem Zustand der Ausgeglichenheit ist, kann man die Herrlichkeit Gottes nicht schauen.»

Die reiche Erfahrung des Lebens in Fülle wird verschiedentlich als zweite Geburt und Geburt des Geistes bezeichnet, um es von der Geburt des Fleisches zu unterscheiden. Vom Geist geführt, lebt und wandelt man nun im Geist, gibt alle Begierden des Fleisches auf und durchbricht das unerbittliche Gesetz von Ursache und Wirkung oder des *Karma*, das alle anderen Menschen in immerwährender Knechtschaft hält. Geht man tagtäglich auf diesem Pfad weiter, öffnen sich neue Ausblicke von unbeschreiblicher Freude und Glückseligkeit; neue Horizonte werden sichtbar, die die Ganzheit alles Seienden umfassen und so zu einem immer weiteren Bewußtsein führen, erst zu persönlichem, dann zu supramentalem, kosmischem und schließlich überkosmischem Bewußtsein.

Befreit von allen Fesseln des Gemüts und der Materie genießen die erlösten Seelen dann immerwährende Glückseligkeit im Leben des Geistes und betrachten das Leben nun aus einer völlig anderen Sicht; die gewaltige Schöpfung wird jetzt zur Offenbarung des einen Lebensprinzips, das überall in uns, um uns herum und in allem, was belebt oder unbelebt ist, pulsiert. Die Welt, wie man sie jetzt erlebt, ist völlig anders als die Welt, die man bisher kannte. Sie erscheint nun als die wahre Wohnstatt Gottes, und man sieht wirklich, daß Gott in ihr wohnt, in jedem einzelnen ihrer Bestandteile, denn alle erschaffenen Dinge erscheinen wie viele Blasen in einem riesigen Lebensmeer. Von da an lebt und stirbt man für den Herrn.

Wie Paulus wird man «in Christo gekreuzigt» (*fana-fi-sheikh*), und Christus lebt in einem, und durch die wiederholte Erfahrung des Sterbevorgangs ist der Tod «verschlungen in den Sieg» (Gal 2,19) - der Vater und der Sohn werden eins. Obgleich der äußere Mensch aus Fleisch und Knochen bestehen bleibt und weiterlebt, um das Netzwerk des Lebens zu Ende zu spinnen, wird der innere Mensch (der Geist im Menschen) erneuert, das heißt, mit der Zeit wird er stärker und edler. *Thomas von Kempen* sagt daher:

> «Entsage dem Fleisch um des Geistes willen.
> Lerne zu sterben, damit du zu leben beginnst.»

Im Zusammenhang damit stehen auch die folgenden Worte *Kabirs*:

> «Während die Menschen furchtbare Angst vor dem Tod haben, heiße ich den Tod als Vorboten der Glückseligkeit willkommen. Stirb und sei tot für die Welt; solch einen Tod erfahre ich viele Male am Tag.»

In allen vier Evangelien finden wir eine Reihe ähnlicher Hinweise:

> Wer sein Leben erretten will, der wird es verlieren; und wer sein Leben verliert um meinetwillen, der wird es finden.
>
> Mt 10,39 und 16,25

> Denn wer sein Leben erhalten will, der wird's verlieren; doch wer sein Leben verliert um meinetwillen und um des Evangeliums willen, der wird's erhalten.
>
> Mk 8,35

> Denn wer sein Leben erhalten will, der wird es verlieren; wer aber sein Leben verliert um meinetwillen, der wird es erhalten.
>
> Lk 9,24

> Wer sein Leben lieb hat, der wird es verlieren; und wer sein Leben auf dieser Welt haßt, der wird es erhalten zum ewigen Leben.
>
> Joh 12,25

Dadu, ein bekannter Heiliger, sagt:

> O Dadu, lerne zu sterben, ehe dich der Tod ereilt. Was hast du davon, wenn du sterben mußt?

Guru Nanak sagt das gleiche:

> O Nanak, übe den Yoga, der dich lehrt, im Leben zu sterben.

Auch der Prophet Mohammed ermahnt seine Anhänger (*ummat*), die Kunst des Sterbens vor dem Tod zu üben:

> Stirb vor deinem Tod, *Mautoo-qibalantumau-toh*!»

Die Moslem-Mystiker wie *Khawaja Hafiz*, *Shamas-i-Tabrez* und *Maulana Rumi* heben die Bedeutung einer solch einzigartigen Erfahrung mit Nachdruck hervor:

> Solange du dich nicht über die Ebene der Sinne erhebst, bleibst du blind für das innere Leben.
> Du hast noch andere Kleider neben dem äußeren (physischen);
> Warum also fürchtest du dich, den Körper abzustreifen?

Man könnte den Weisheitssprüchen zu diesem Thema beliebig viele andere hinzufügen. Wir wollen hier mit einem Zitat von *Earl R. Wassermann* abschließen:

«Viele sind nur unvollkommene abgetrennte Einzelteile des Einen; und der Tod erlaubt das nicht abgetrennte, ungeteilte und daher unbegrenzte spirituelle Leben. Das Leben nach dem Tod ist daher ein geistiger Seinszustand; denn der Tod, der die vielfarbige Kuppel zerstört, gestattet es der Seele, sich über die Schatten der Nacht zu erheben, anstatt im Inneren an der Zerstörung des organischen Lebens zu arbeiten. Was dann wie eine physische Zerstörung erscheint, erweist sich als Unsterblichkeit im Geistigen... Was wir 'Leben' nennen, ist Zerfall; deshalb befleckt die irdische Begrenzung, die vergängliche Atmosphäre, das strahlende Licht der Ewigkeit... Andererseits wird im wahrsten Sinne des Wortes die auferstandene, wieder in dem Einen eingegangene Seele und nicht der Schatten des Todes oder die physische Materie entdeckt; und sie breitet sich in der ganzen Natur aus; denn die endgültige Wirklichkeit an allen Orten ist der Geist... Wäre die Atmosphäre der Sterblichkeit entfernt, würde der Mensch erkennen, daß der 'Eine bleibt' und daß 'das Licht des Himmels in Ewigkeit erstrahlt', daß Tag und Nacht eins sind sowie auch Leben und Tod, Luzifer und Vesper... und daß die letzte Wirklichkeit sowohl im irdischen Leben als auch nach dem Tod in der Ewigkeit der Eine Geist ist;... und dieses Erkennen, daß dieses Leben und das Leben nach dem Tod geistig gesehen das gleiche sind,

> hebt schließlich die Gegensatzpaare wie Leben
> und Tod auf... Denn der Eine 'durchstrahlt
> Zeit und Wandel - ewig der Gleiche'».

Und er fährt fort:

> «Lerne unerschrocken in den Abgrund des
> Todes zu gehen, denn wo das vergängliche
> Leben endet, beginnt das geistige Sein. Im Tod
> erhebt sich die auferstandene Seele über die
> Schatten der Nacht und wird in dem Einen
> Unwandelbaren wiedergeboren.»

Ganz ähnlich spricht der Prophet Mohammed über den Tod im Leben:

> «Ein solcher Tod wird dich nicht ins Grab
> bringen, sondern er führt dich aus der Finster-
> nis zum Licht,
> lerne also täglich zu sterben, indem du dich
> über den Körper erhebst.»

Wenn ein Mensch lernt, über das Menschliche in sich hinauszugelangen, kommt der Meister in Seiner strahlenden Gestalt, um der Seele auf dem Weg in ihre wahre Heimat zu helfen und sie während des Lebens und auch danach auf den höheren Ebenen zu führen. In diesem Zusammenhang sagt *Nanak*:

> «O Nanak, zerreiße all die flüchtigen Bindun-
> gen an die Welt und suche deinen wahren
> Freund in einem Heiligen;
> die einen werden dich bereits zu deinen
> Lebzeiten verlassen,

doch er wird auch danach dir noch im Jenseits
zur Seite stehen.
Sei du ihm treu, und er ist's bis zuletzt zu dir.»

Ein Moslem-*Derwisch* drückt es ähnlich aus:

«O mutige Seele, halte dich am Saum Seines
Gewandes,
Denn Er steht wahrlich über allen Welten,
hier und im Jenseits.»

Auch in den Evangelien können wir lesen:

«Und siehe, ich bin bei euch alle Tage bis an das Ende der Welt. Ich will euch nicht verlassen noch versäumen.»

Auf diese Weise wird der höchste Zweck des menschlichen Lebens erreicht und die Fülle des Lebens erfahren. Hier geht es um die Verbindung des «Selbst» mit dem «Ich», das sich mit der kompetenten Führung und Hilfe einer Meisterseele von den Dornen und Disteln des weltlichen Lebens löst; sie gewährt diese Erfahrungen allen gleichermaßen, unabhängig von Geschlecht, Alter, Beruf, ungeachtet der Religionszugehörigkeit und gesellschaftlichen Stellung, die auf Abstammung, Stand, Hautfarbe und Glaubensbekenntnis beruht. Der Geist muß den falschen Schein der selbstgeschaffenen und projizierten Persönlichkeit ablegen, mit dem wir unwissentlich umgeben sind. Bevor man nicht zu reinem, von der Liebe zu allen geschaffenen Dingen freiem Geist geworden ist, kann man sich nicht am Leben des Schöpfers in Fülle und Glückseligkeit erfreuen.

Der Tod in Knechtschaft

In der Natur folgt dem Leben der Tod, und aus dem Tod geht Leben hervor. Der Tod als das Ende des Lebens in einer Form ist nur der Anfang für ein Leben in einer anderen, und dies im allgemeinen auf einem höheren Lebensniveau als zuvor und in einer besseren und angenehmeren Umgebung.

Evolution ist das Gesetz des Lebens, und sie beinhaltet die rege Entfaltung der in der Geist-Materie verborgenen Möglichkeiten. Sie umfaßt in ihrem Bereich nicht nur die Entwicklung der Geist-Materie, die auf ihrem Weiterweg plastischer und durchlässiger wird, sondern auch die Entwicklung der Formen von den Mineralien bis zum Menschen und zuletzt die Erweiterung des Selbstbewußtseins. Die sogenannte tote Materie ist nicht wirklich tot, auch wenn sich die Energie in ihr für eine gewisse Zeit in einem erstarrten Zustand befindet.

Ein abgetragenes Kleid, das seinen Zweck nicht mehr erfüllt, wird weggeworfen und durch ein neues ersetzt, das in dem Stil geschneidert ist, den man am liebsten hat. Dies entspricht dem Gesetz der Mutter Natur, die das Werk Gottes ist. Der gütige Vater, so heißt es, hat verfügt, daß Seine Kinder das haben können, was sie sich sehnlichst wünschen.

Der höchste Herr des Universums sorgt mit allen unterstützenden Mitteln für das Lebensnotwendige auf Erden, für Liebe, Licht und Leben und alles, was dazugehört, wie Erde, Wasser, Sonne, Luft und Raum, und ist dabei über alle Maßen großzügig. Und Er gewährt dies allen frei, wobei allerdings jeder das erhält, was seinem Bedürfnis und seiner Herkunft entspricht. Seine Gaben sind unzählbar und unerschöpflich, und zu allen Zeiten hat der Mensch in verschiedener Hinsicht davon gelebt. Doch nicht zufrieden mit den grenzenlosen Gaben, verlangt er stets nach mehr - nach mehr Gold und Silber, mehr Annehmlichkeiten und Bequemlichkeiten des Lebens, mehr von allem, was es sonst noch gibt, und unaufhörlich kämpft und müht er sich darum. Anstatt dem Herrn für alles, was Er uns in Seiner Güte zur Verfügung gestellt hat, dankbar zu sein, verfluchen wir uns selbst, fluchen auf jene, die unter besseren und günstigeren Bedingungen leben als wir, beschimpfen die schuldlosen Sterne oben und zögern nicht, unser Schicksal oder die Vorsehung, die wir durch unsere eigenen Handlungen geschaffen haben, mit scharfen Worten zu beklagen und zu kritisieren. «Trotz aller Besitztümer verliert man für ein paar Pfennige seinen Kopf.»

Das menschliche Leben ist eine große Vergünstigung, ein seltener Vorzug und Segen. Man erhält es, nachdem man einen langen Entwicklungsprozeß von endloser Dauer durchgemacht hat. Es ist eine günstige Gelegenheit, die Schätze der Spiritualität anzuhäufen, die in uns verborgen liegen und die wir kaum wahrnehmen. Doch die meisten von uns laufen vergänglichen und unwesentlichen Dingen hinterher - den sinnlichen Freuden des irdischen Lebens - und nicht dem wahren Glück. Ob wir diese kurzlebigen, flüchtigen Vergnügungen nun erhalten oder nicht, versuchen wir dafür mit allen ehrlichen und unehrlichen Mitteln Himmel und Erde in Bewegung zu setzen, was wir dann meistens teuer, ja oft sogar mit unserem eigenen Leben bezahlen; und wir verlassen die Bühne des Lebens mit einer tiefen Trauer um das eine oder andere und der unwürdigen Mittel wegen, die wir benützt, und der Sorgen wegen, die uns diese Bemühungen bereitet haben.

Die Natur geht mit dem, was sie beabsichtigt und bezweckt, nicht verschwenderisch um. Wie man denkt, so wird man. Unsere Empfindungen und Gefühle, Gedanken und Leidenschaften, Wünsche und Bestrebungen vergehen nicht mit dem Tod unseres Körpers. Sie bilden ein «inneres Gewand», den Astralkörper, ein Unterkleid unter dem physischen Mantel. Der damit bekleidete Geist zieht es aus, um sich in einen anderen Mantel zu hüllen, der aus den karmischen Saaten, aus dem Speicher des Saatkörpers, dieser kostbaren Schatztruhe, besteht. Es ist der kausale oder instrumentale Körper mit seinen unermeßlichen Reichtümern, der seinem Bewohner, dem Geist, hilft, eine neue Gestalt zu formen, einen neuen Tempel des Fleisches. Dieser kann als geeignetes Ausdrucksmittel zur Erfüllung dessen beitragen, was an der Oberfläche des unbewußten Selbst liegt. Bevor man von der Bühne des Lebens abtritt, hebt sich der Vorhang schließlich und öffnet den Blick auf das ganze Panorama des Lebens bis in die kleinste Einzelheit.

Auf dem Sterbebett gewinnt man vielleicht einen kurzen Einblick in die Wirklichkeit, aber dann ist es zu spät, sie zu begreifen. Dieser Vorgang wiederholt sich immer wieder und erinnert am Ende jeder Lebensspanne auf Erden von neuem an das Rad des Lebens und des Todes mit seinen natürlichen Begleitern wie Freude und Leid, Wohl und Weh, Höhen und Tiefen. Es dreht sich endlos weiter, da man mit dem, was man während seines irdischen Aufenthaltes erhält, nie zufrieden ist. Statt dessen fährt man fort, neue Hoffnungen und Wünsche hinzuzufügen, oft noch vermischt mit großem Bedauern über das, was man sich wünschte, aber nicht bekam. Ohne es zu wissen, ist man ständig damit beschäftigt, Zwietracht zu säen; und ein Leben nach dem anderen verbringt man damit, die selbst in Gang gebrachten Kämpfe mit selbst aufgestellten Kampftruppen auszutragen, die sich einem wie ungezähmte Furien oder Rachegeister wie Schatten an die Fersen heften. Wie eine Töpferscheibe in Form von vielen Tongefäßen stellt die Natur ein Mittel nach dem anderen bereit, um den unstillbaren Durst und die Erwartungen jedes einzelnen zu befriedigen. Von zahllosen Wünschen niedergedrückt, macht man sich selbst zum Sklaven. Ohne sie könnten wir unsere Göttlichkeit in vollen Zügen genießen. Was ist demnach der Mensch? Gott zuzüglich seiner Wünsche. Und was ist umgekehrt Gott? Der Mensch ohne Wünsche.

Der große Dichter und Philosoph *William Wordsworth* (1770-1859) zeichnet in seiner denkwürdigen Ode auf die Unsterblichkeit ein schönes Bild des heranwachsenden Kindes:

> Die mit uns aufsteigt als des Lebens Stern,
> die Seele: hat Heimat einst besessen
> woanders und kommt von fern,
> nicht ganz erinn'rungslos
> nicht völlig nackt und bloß,
> wir kommen, goldenen Wolkenzügen gleich,
> aus unsrer Heimat, Gott.
> Der Himmel liegt in unsrem Kinderreich!
> Und um den Knaben, der heranwächst,
> schließt
> sich Kerkerschatten dann...
> Die Erde füllt den Schoß mit eigner Lust;
> Sehnsüchte hat sie ihrer eignen Art;
> und wie mit mütterlichem Herzen spart
> die Amme nichts von ihrer Pracht
> - nicht schlimmen Ziels bewußt -
> daß sie ihr Pflegekind, den Menschen, ihren
> Gast,
> den alten Glanz vergessen macht
> und seine Herkunft aus der Herrschermacht
> Palast.

Dies ist das beklagenswerte Bild des Lebens auf Erden, wie wir es Tag für Tag erleben. Obwohl wir wie vorherbestimmt immer zur Genüge erhalten, sind wir dennoch hungrig -

voller Gier nach immer mehr Reichtum und Macht, nach noch mehr flüchtigen Freuden und sinnlichem Vergnügen. Weit davon entfernt, für die Gaben der Natur dankbar zu sein, «schauen wir nach vorne und nach hinten und sehnen uns nach dem, was nicht ist». Die Natur kann unserer unersättlichen Gier nicht lange untätig zusehen, und wie *Circe* verwandelt sie uns mit ihrem Zauberstab in Schweine, damit wir genug des Unsinns haben und daran zugrundegehen. Nur ein kluger *Odysseus*, der mit einer Zauberblume von *Merkur*, dem Götterboten, bewaffnet ist, kann die Zauberin mit ihren eigenen Waffen schlagen und seine Gefährten retten, indem er sie von Schweinen wieder in Menschen verwandelt und mit ihnen auch alle anderen, die von der Zauberin in vielen verschiedenen Gestalten, jeder seinem Wesen gemäß, gefangengehalten werden. Unser Lebenslauf wird von der Art unserer vorherrschenden Leidenschaften bestimmt, nicht nur hier in dieser Gegenwart, sondern auch danach.

Wir wollen nun einen Blick auf den unvermeidlichen Verwandlungsprozeß, den wir Tod nennen, werfen. Dieser Übergang von einer Lebensform in eine andere ist ein notwendiger Bestandteil des Lebens, er findet zur richtigen Zeit statt, mit einer jähen und niederschmetternden Plötzlichkeit, gerade dann, wenn man ihn am wenigsten erwartet. Der Tod kennt keine Zeitrechnung, niemand kann ihn vorhersehen und niemand kann ihm entkommen, sei er auch noch so klug und listig. Jedem Wesen ist seine eigene Lebensspanne zugemessen. Wir alle leben und bewegen uns in der Zeit und haben unser Sein in ihr; und wenn sie abgelaufen ist, tritt diese Umwandlung ein, und das geschieht immer wieder, bis man über die am weitesten entfernten Grenzen der Zeit hinausgelangt ist und sich in die Zeitlosigkeit erhebt.

Der Tod ist somit etwas erschreckend Wirkliches und unvermeidlich. Inmitten der Unwirklichkeit dieser Welt scheint er das einzig Wirkliche zu sein. Jeder, ob reich oder arm, ob König oder Bettelmann, ob jung oder alt, gesund oder krank, muß durch die Falltür des Todes gehen, ob er will oder nicht. Man mag lange oder kurz, hundert Jahre oder nur eine Weile leben, aber man kann nicht ewig ein und dasselbe Leben behalten. Es ist gewiß, daß es mit der Zeit vergeht und seine Last müde macht wie ein Mühlstein um den Hals. In reiner Verzweiflung mag man dann in seiner Pein um Erlösung flehen von der großen inneren Bürde, die an einem hängt.

> Weder Könige noch Bettler bleiben,
> alle gehen; jeder zu seiner Zeit.
>
> Ramkali M. 1

Ein Moslem-Heiliger rät daher:

> Dein ganzes Leben lang hast du den Tod anderer beklagt, warum hältst du nicht eine Weile inne und denkst über dein eigenes Los nach?

Ist der Tod ein schmerzvoller Vorgang? Das ist die nächste Frage. Im großen und ganzen ist er das für die meisten. Die Schriften berichten uns von dem qualvollen Schmerz, den ein Sterbender im Tod erleidet. Im *Bhagvad Purana* heißt es, daß man die schrecklichen Todesqualen erlebt, als ob man von einer Million Skorpionen auf einmal gestochen würde. Der Koran vergleicht den Todeskampf mit dem Zustand eines Menschen, dem eine Dornenhecke durch den Verdauungskanal, von einem Ende zum anderen, gezogen wird. Die Sikh-Schriften drücken es ganz ähnlich aus: Die Lebensströme werden herausgezogen. Alle diese Darlegungen veranschaulichen nur die unermeßliche Qual, die man erleidet, wenn die

Dämonen des Todes erscheinen, um den Geist gewaltsam aus dem Körper zu ziehen. Was in diesem Augenblick wirklich geschieht, weiß nur der Sterbende. Niemand ist nach der Erfahrung des endgültigen Todes je aus dem Reich des Todes zurückgekehrt, um uns das tatsächliche Wesen seiner Leiden zu schildern. Jeder leidet für sich und verstummt für immer. Auf dem Sterbebett zu liegen, heißt, wahrlich ans Kreuz genagelt zu sein, und das Sterbezimmer gleicht einem Leichenhaus. Man kann kaum unbewegt danebenstehen, wenn sich Menschen auf dem Sterbelager tagelang ruhelos mit einem Todesröcheln in ihrer Kehle hin- und herwerfen und sich vor Schmerzen krümmen. Wer kann die Qualen des Todes lindern? Alle stehen hilflos daneben; die besten Ärzte, die bis zuletzt Drogen verabreichen, die diensthabenden Krankenschwestern, die auf Zehenspitzen gehen und die nächsten Verwandten und Freunde, die mit tränenerfülltem, traurigem Blick und bedrückten Gesichtern auf das unausweichliche Ende warten. Wer hört die mitleiderregenden Schreie des armen Opfers und seiner Lebensgefährten, seiner Frau und seiner Kinder?

> Während die Frau mit aufgelöstem Haar
> klagt,
> fliegt die einsame Seele ihren Weg allein.
>
> *Kabir*

Über Alexander den Großen (356-326 v. Chr.), König von Mazedonien und Eroberer der damals bekannten Welt, wird berichtet, daß man ihm prophezeit habe, er werde erst dann sterben, wenn die Erde aus Stahl und der Himmel aus Gold sei. Da keines von beidem möglich sein konnte, wiegte sich der König für immer in Sicherheit. Er dachte und glaubte, daß er wie die Götter des Olymp unsterblich sei. Als er nach langen, ermüdenden Feldzügen in den Fernen Osten auf dem Rückweg nach Griechenland war und durch eine Wüste in der Nähe von Babylon kam, wurde er von Fieber befallen. Da er sich nicht mehr im Sattel zu halten vermochte, half man ihm, abzusteigen; und einer seiner Generäle breitete sein stählernes, mit Samt ausgefüttertes Panzerhemd auf dem Boden aus und ließ den König darauf niederlegen. Über des Königs Gesicht spannte er seinen goldverzierten Schirm auf, um ihn vor den sengenden Strahlen der grellen Wüstensonne zu schützen. In diesem Augenblick erkannte der große Held so vieler Schlachten, der unbesiegbare Eroberer, daß sein Ende nahte; denn jetzt lag er auf stählernem Grund und hatte ein Dach aus Gold über sich.

Da war er sehr bestürzt. Mit Tränen in den Augen wandte er sich an die besten seiner behandelnden Ärzte und flehte sie an, etwas zu tun, um ihn aus den gegenwärtigen Umständen zu retten, damit er die Heimat noch erreichen und seine heißgeliebte Mutter wiedersehen könne. Aber einer wie der andere zeigte sich hilflos. Zuerst bot er ihnen die Hälfte seines Königreiches und dann das ganze, falls sie ihm mit ihrer ärztlichen Kunst einen Aufschub verschaffen könnten. Doch wer konnte schon helfen, den göttlichen Ratschluß aufzuhalten? Als am zehnten Tag der Krankheit seine Generäle einer nach dem anderen durch das Zelt des sterbenden Königs gingen, nahm er von ihnen Abschied und ordnete an, daß bei seinem Begräbnis beide Hände aus dem Leichentuch herausschauen sollten, damit alle sehen könnten, daß ein großer Herrscher die Welt mit ebenso leeren Händen verläßt, wie er sie betreten hat.

Ähnliches hören wir in der traurigen Geschichte einer großen und begabten Königin, die über ein großes Reich herrschte. Wegen ihrer außergewöhnlichen Schönheit wurde sie von ihrem Volk sehr geliebt und ihrer Klugheit wegen bewundert. Sie regierte lange Zeit weise und gut. In Reichtum und Glanz aufgewachsen und von Hunderten von Dienern umgeben, konnte sie keinen Augenblick glauben, daß es so etwas wie den Tod gäbe. Als ihr Ende nahte, überfielen sie großer Kummer und quälender Schmerz. Die königlichen Ärzte an ihrem Bett konnten nichts tun, um ihre Ängste und Qualen zu mildern. Da ihr der Tod ins Gesicht geschrieben stand, versuchten sie, sie zu trösten und rieten ihr, sich auf die letzte Reise vorzubereiten. «Wie?» rief sie in ihrem Schrecken aus und wollte wissen, wohin sie gehen werde. «Nun, in das Land, aus dem es keine Rückkehr gibt», war die schlichte Antwort.

Sie traute ihren Ohren nicht. «Träume ich?» fragte sie. «Nein, Majestät, Ihr werdet gehen müssen.»

«Gibt es ein Land, aus dem man nicht wiederkommt? Und wenn, wo ist es dann?» «Es ist weit von dieser Welt entfernt», erwiderten die Höflinge. «Konntet ihr seine Lage nicht früher für mich ausfindig machen? Und welche Vorbereitungen habt ihr getroffen, mir meinen Aufenthalt dort angenehm zu machen?» fragte die Königin. «Keine, Eure Majestät.»

«Wer von euch wird mich in dieses Land begleiten?» erkundigte sich die entsetzte Königin. «Ihr müßt allein gehen, auf Euch gestellt», antwortete das Gefolge.

«Wieviele Diener darf ich mitnehmen?» «Keinen, auch nicht einen.»

So groß ist in der Tat unsere Unwissenheit über die Wirklichkeit des Lebens. Wir sind klug, sehr klug, in den alltäglichen Angelegenheiten der Welt. Doch so seltsam es auch anmutet, wir wissen nichts von der unnachgiebigen Vergeltung, die uns alle erwartet, und davon, daß wir, wie alle anderen, ganz allein und mit leeren Händen gehen müssen.

«Nackt kam ich in die Welt und nackt werde ich gehen», sagt der Hymnendichter. Dies ist das unausweichliche Schicksal aller. Weinend kommen wir in die Welt und weinend verlassen wir sie wieder. Daß wir weinend kommen, ist verständlich. Ein neugeborenes Kind weint, wenn es aus dem

Mutterleib kommt, weil es vom Licht der Lichter, dem Licht des Lebens getrennt wird, von dem es, mit dem Kopf nach unten liegend, während der Schwangerschaft erhalten wurde. Das ist der Grund dafür, daß wir im allgemeinen nach der Geburt des Kindes einige Nächte lang irgendein Licht brennen lassen; und immer wenn es schreit, drehen wir sein Gesicht dem Licht zu oder spielen mit einer Rassel, um es zu erheitern oder zu beruhigen. Warum aber sollten wir bei unserem Weggang weinen, wo wir doch in die Obhut unseres liebevollen Vaters zurückkehren? Es stand uns frei, uns durch bewußte Arbeit für dieses Ende wieder mit dem Standort des Lebens in uns zu verbinden. Doch bewußt oder unbewußt kümmern wir uns nicht darum, und das menschliche Leben verstreicht von der Wiege bis zum Grab ungenutzt. Ist diese günstige Gelegenheit einmal verpaßt, entwickeln wir uns auf der Skala unserer Existenz nach unten.

Der Fall von der obersten Sprosse der Leiter erweist sich in den meisten Fällen als verhängnisvoll. Bindungen an über viele Jahre hinweg geschaffene weltliche Beziehungen zu zerreißen, ist schmerzlich und das Scheiden entsetzlich bitter, und das noch mehr, wenn uns die «fristlose Kündigung» unvorbereitet trifft. Wir wissen nicht, wie wir aus dem gemieteten Haus ausziehen und wo wir hingehen sollen. Die Aussicht, in Unbekanntes geworfen zu werden - als das betrachten wir ja das Leben nach dem Tod -, bestürzt uns. Dies alles versetzt uns in Schrecken, in unvorstellbaren Schrecken schlimmster Art. Deshalb heißt es:

> Denke an den Tag, da du weinend in die Welt kamst, zur Freude derer, die um dich waren; führe also ein Leben, damit du lachend scheiden kannst, inmitten all derer, die weinen und wehklagen.

Francis Quarles (1592-1644), ein Dichter der Mystik, der sich über den Tod ausläßt, sagt: «Wenn du den Tod als einen Freund erwartest, triff Vorbereitungen, ihn zu empfangen; erwartest du ihn als Feind, rüste dich, ihn zu überwinden. Der Tod ist nur dann stärker, wenn er als Fremder kommt.» Paulus, der den Tod als «den letzten Feind des Menschen» (1. Kor 15,26) bezeichnet, hat gesagt, daß er täglich sterbe (1. Kor 15,31), «einen Tod verschlungen in den Sieg» (1. Kor 15,55), und er fragt spöttisch: «Tod, wo ist dein Stachel?» Die östlichen Weisen begrüßen ihn als Gelegenheit, sich mit dem Geliebten zu vereinigen. Doch in beiden Fällen wird der gleiche Schluß gezogen: Der Tod behauptet nur dann seine Überlegenheit über uns, wenn er schnell und plötzlich wie ein unerwarteter Fremder kommt, weder als Freund, auf den man wartet, noch als gefürchteter Gegner, und wir unvorbereitet sind, ihn zu empfangen oder seiner Kampfansage zu begegnen. Jene, die für ihn gerüstet und immer bereit sind, lassen ihn ein, heißen ihn willkommen und betrachten ihn als Rückkehr in die Heimat und als Möglichkeit zur Vereinigung mit dem Geliebten. Ein wahrer Gottliebender wird, auch wenn er als Ketzer zum Tode verurteilt wurde, seinen Kopf freudig auf den Richtblock legen und flehentlich den Henker herbeirufen, um ihn zu bitten, seinem Körper mit dem Schwert eine rasche Veränderung zu bereiten, da er das Licht seines Geliebten, Gott, darin widergespiegelt sieht.

Was ist schließlich schon der Tod? «Der Tod», sagt *Euripides*, «ist eine Schuld, die wir alle zurückzahlen müssen.» Wenn dies der Fall ist, warum begleichen wir dann nicht die Schuld, um für immer von dieser Verpflichtung frei zu sein? Der Körper ist das Lösegeld oder die Mitgift, die die Seele abgeben muß, um für immer vom Gesetz der Vergeltung frei zu werden.

Um eine Vorstellung von dem zu erhalten, was nach dem Tod geschieht, wollen wir noch einmal die heiligen Schriften hinzuziehen. Die Meister teilen die Menschheit in vier Gruppen ein. An erster Stelle kommen jene, die nicht das Glück hatten, Zuflucht bei einem *Sant Satguru* zu finden. Dies ist die Mehrheit. Sie müssen alle allein gehen, jede Seele für sich, ohne irgendeinen Freund oder Begleiter. Alle diese Seelen müssen sich dem Urteil des gerechten Gottes (*Dharam Raj*) stellen und fügen. Ohne Mitleid und Erbarmen hält er ein strenges und unnachgiebiges Gericht nach dem Grundsatz: «Wie du säst, so wirst du ernten». Es wird als das unerbittliche Gesetz des *Karma* bezeichnet, das ohne Schonung gilt. «Dieses Gesetz nimmt keine Rücksicht auf außergewöhnliche Umstände und duldet keine Ausnahme: Rasse oder Standeszugehörigkeit gelten hier nichts. Man erhält den Lohn entsprechend seiner Taten.» (Asa M. 31). «Einen jeglichen dünkt sein Weg recht; aber der Herr prüft die Herzen.» (Sprüche 21,1). Zu einem festgelegten Zeitpunkt, den niemand kennt, kommen, je nachdem wie der Fall gerade liegt, die guten oder bösen Engel (*Ramgans* oder *Yamgans*) und holen die Seele gewaltsam aus dem Körper; man muß mit ihnen gehen. Sie geleiten die Seele vor den Richterstuhl, und jeder muß über seine Gedanken, Worte und Taten Rechenschaft ablegen. «Du Narr, glaubst du, weil kein Boswell da ist, deine Rede aufzuschreiben, sie darum erlischt oder begraben ist? Nichts wird vergessen, nichts kann vergehen. Das leerste Wort, das du sprichst, ist ein Saatkorn, geworfen in die Zeit, das Frucht bringt für alle Ewigkeit.» (*Carlyle*). Jesus hat in unmißverständlichen Worten erklärt: «Über jedes unnütze Wort, das die Menschen reden, werden sie am Tag des Gerichts Rechenschaft ablegen müssen; denn aufgrund deiner Worte wirst du freigesprochen, und aufgrund deiner Worte wirst du verurteilt werden.» (Mt 12,36-37).

Alle Gedanken, Empfindungen und Gefühle, alle Worte, die man absichtlich oder unabsichtlich geäußert hat, und alle Handlungen, die man bedacht oder zufällig ausführt, hinterlassen unauslöschliche Eindrücke (*samskaras* oder *naqsh-i-amal*) in der Matrize des Gemüts, und nach dem Tod muß man dafür Rechenschaft ablegen. Dies geschieht im Eilverfahren, aber gerecht, ohne Möglichkeit für eine verständnisvolle Auseinandersetzung oder Beweisführung, ohne Möglichkeit, Berufung bei einer höheren Instanz einzulegen, und es besteht keinerlei Gelegenheit, davon entbunden zu werden. Wer sein ganzes Leben lang mit sündigem Tun zugebracht hat, wird in die Hölle (*Narak* oder *Dozakh*) geschickt, um für eine bestimmte Zeit die seinen Taten entsprechende Strafe abzubüßen, dadurch von den üblen Eindrücken frei zu werden und das Gesetz zu verstehen, das zu seinem Besten ist. Wenn das Zeitmaß verstrichen ist, wird er wiedergeboren, um ein neues Leben, frei von dem Bösen, das jetzt abgewaschen ist, zu führen und einen neuen Anfang zu machen, indem er die Fallgruben der Vergangenheit umgeht. Wenn er nun ein rechtschaffenes Leben führt, erhält er einen Platz im Himmel oder Paradies (*Swarg*, *Baikunth* oder *Bahisht*), wo er eine Zeitlang die Früchte seiner guten Taten genießt. Danach kommt er auch noch einmal auf die irdische Ebene herab. Darum bewegen sich alle Menschen, die sich auf dem karmischen Rad des Lebens befinden, auf und ab, unaufhörlich angetrieben von ihren eigenen Taten. Es gibt kein Entrinnen von diesem gewaltigen, sich ständig drehenden Rad, bis man durch eine günstige Schicksalswendung einen *Sant Satguru* trifft, dieser einen annimmt und einem dabei hilft, loszukommen und den Weg zu Gott zu gehen. Die Seelen, die aus der Unterwelt des *Pluto* kommen, arbeiten sich allmählich aus dem Mineralreich zum Pflanzenreich empor, von dort zur Welt der Insekten und Reptilien, weiter zur Welt der gefiederten Brüder, dann zu den Vierfüßlern und schließlich zum Menschen.

Nachdem das Rad der Vierundachtzig durchlaufen war,
hast du den höchsten Punkt erreicht.
O Nanak, ergreife jetzt die Kraft Gottes
und sei auf ewig frei!

Shri Rag M. 5

Selbst die Gottheiten (*Devas*), die verschiedenen Götter und Göttinnen, die angeblich in Regionen der Glückseligkeit herrschen, befinden sich dort aufgrund ihrer besonders verdienstvollen Taten auf den niedrigeren Ebenen. Sobald sie ihren verdienten Lohn verbraucht haben, müssen auch sie in die physische Welt zurückkehren. Der selige, hochverehrte Lord *Krishna* erklärte einmal seinem ergebenen Schüler *Udhav* die Auswirkung des karmischen Gesetzes, indem er auf ein Insekt zeigte, das im Schmutz umherkrabbelte: «O Udhav, dieses Insekt, das du vor dir siehst, ist oftmals *Indra*, der Gott des Donners und des Regens, gewesen, der immer wieder wie auch jetzt im Schmutz gewühlt hat. Wirklich, das ist das Schicksal aller.»

Selbst die Verkörperungen der göttlichen Kräfte, die *Avatare*, sind gegen die unbeugsame Bewegung des karmischen Rades nicht geschützt und werden vor das Gericht zitiert. Wie ein Soldat ist auch ein *Avatar* sowohl dem Zivil- als auch dem Militärrecht unterworfen, das seinen Beruf regelt. Selbst wenn er unter dem Befehl der Vorgesetzten seine Pflicht erfüllt, was für ihn Gesetz und militärische Vorschrift ist, kann er dennoch auch bürgerliche Verpflichtungen eingehen, die dem Zivilrecht unterstehen. Er ist zweifach verpflichtet: einmal dem Militärgesetz, das heißt, daß er den Befehlen der Offiziere bedingungslos gehorchen muß, da er sonst vor ein Kriegsgericht gestellt wird, und zum anderen der zivilen

Rechtsprechung, wenn festgestellt wird, daß er bei der Erfüllung seiner Pflichten die Grenzen überschritten hat.

Götter und Göttinnen sowie die Inkarnationen der unterschiedlichen göttlichen Kräfte gehören daher zu dieser Gruppe, soweit das Gesetz des *Karma* reicht. Trotz ihrer bevorzugten Stellung stehen sie und alle Engelheerscharen unter dem Gesetz und nicht darüber. Deshalb streben auch sie nach einer menschlichen Geburt, die die Möglichkeit mit sich bringt, Mühen und Kämpfen zu entkommen und zur Wohnstatt des immerwährenden Friedens und ewigen Lebens zu gelangen. Trotz all ihrer Askese- und Bußübungen verlangen die großen *Rishis*[1], wenn ihr Ende naht, nach einem menschlichen Körper und ziehen ihn dem seligen Aufenthalt im Himmel als strahlende Wesen (*Devas*) vor. Sie tun es, weil sie nur so die Aussicht haben, einem *Satguru* zu begegnen, von ihm Unterweisungen zu erhalten und sich über das unerbittliche Gesetz der Kausalität oder von Ursache und Wirkung zu erheben.

Helden wie *Arjuna*[2] und die *Pandava*-Brüder, mit Ausnahme von *Yudishtra*, der Verkörperung des *Dharma* (*Dharamputra*), als der er allgemein bekannt war, wurden in die niederen Regionen geworfen, weil sie sich an einem, wenn auch rechtmäßigen, von keinem geringeren als dem gesegneten Lord *Krishna* veranlaßten Krieg beteiligten; dies widerfuhr ihnen deshalb, weil sie sich trotz all seiner Ermahnungen nicht von der Vorstellung lösen konnten, selbst die Handelnden zu sein.

Von Lord *Krishna* wiederum wird erzählt, daß er den Tod durch den Pfeil eines *bhil*[3] fand, der ihn zufällig traf. Damit glich er sein vergangenes *Karma* aus, das er lange Zeit vorher

1 *Rishi*: Weiser, Seher; einer, der Gemüt und Sinne überwunden hat

2 *Arjuna*: Held des Mahabharata, einer der Pandava-Brüder; ihn lehrte Krishna den Inhalt der Bhagavad Gita

3 *Bhil*: Urbevölkerung Ostindiens, Teil des Drawidenstammes

als *Rama* verursacht hatte, der wiederum hinterlistig aus der Deckung eines Baumes den unbesiegbaren Herrn des Waldes, *Bali*, mit dem Bogen getötet hatte. Es ist erwähnenswert, daß sowohl *Rama* als auch *Krishna* Inkarnationen von Lord *Vishnu* zu unterschiedlichen Zeiten waren.

Ähnliches wird von König *Dasrath*, dem Vater von *Rama*, berichtet. Als er eines Nachts im Wald jagte, hörte er einen gluckernden Ton, und es schien ihm, als ob dieser von einem wilden Tier herrührte, das im nahegelegenen Schilf Wasser schlürfte. Da schoß er seinen Pfeil in die Richtung, aus der das Geräusch kam, und traf damit einen jungen Mann namens *Sarwan*. Dieser war zum Flußufer gegangen, um einen Eimer Wasser für seine blinden und durstigen Eltern zu holen, die er in einem Korb auf seinen Schultern trug und gerade in einiger Entfernung zurückgelassen hatte. Auf die mitleiderregenden Schmerzensschreie seines Opfers eilte der König zu dem Sterbenden, der ihm seine Notlage schilderte und ihn bat, seinen Eltern das Wasser zu bringen. Schmerzerfüllt ging der König zu dem betagten Paar und berichtete ihnen von dem Unfall. Diesen Schlag konnten sie nicht verwinden. Sie beklagten ihr Los, wünschten dem unbekannten Verbrecher ein Schicksal wie das ihre und verschieden. Später ereilte den König dasselbe Schicksal: Er starb verzehrt vom Schmerz der Trennung von seinem Sohn *Rama*, der vierzehn lange Jahre in Verbannung weilte. So überrascht *Nemesis*, die Göttin der Gerechtigkeit, einen jeden, sobald er an der Reihe ist, bedacht auf den Ausgleich seiner fälligen Schuld. So kommt jeder unter der zwingenden Gewalt des *Karmas* auf seine Weise in die Welt und geht von ihr hinaus in das Tal des Todes.

Zur zweiten Gruppe gehören alle Menschen, die mit einem vollendeten lebenden Meister in Berührung kommen, von ihm angenommen und in die Geheimwissenschaft der Seele eingeführt werden, aber aus dem einen oder anderen Grund nicht in der Lage sind, die Verbindung mit dem Wort in ausreichendem Maße zu entwickeln, sei es, weil sie sich den sinnlichen Freuden hingeben, sei es aus Trägheit, Gleichgültigkeit oder einem sonstigen Grund. Sie stehen auf einem anderen Fundament als die der ersten Gruppe.

Zum Zeitpunkt ihres Todes, wenn die Sinnesströme beginnen, sich aus dem Körper zurückzuziehen, oder etwas vorher, erscheint ihnen der *Satguru* in seiner strahlenden Gestalt, um sich der scheidenden Seele anzunehmen. Seine strahlende Gestalt erfreut das Herz des Ergebenen und er versenkt sich so sehr in ihn, daß alle Bindungen an die Welt wie Blätter im Herbst von ihm abfallen. Furchtlos und voller Freude folgt er ihm in das Tal der Todesschatten. «Und ob ich schon wanderte im finstern Tal, fürchte ich kein Unglück; denn du bist bei mir», sagt der Psalmist (23,4). Und dies ist in der Tat seine Zusage: «Jedermann, ich will mit dir gehen und dein Führer sein, in der größten Not will ich dir zur Seite stehen.» Und weiter: «Ich will dich nicht verlassen noch von dir weichen bis an das Ende der Welt.» Der Meister behält die Angelegenheiten des Schülers fest im Auge. Er ist immer bei ihm in Freude und Leid. «Selbst vor dem Richterstuhl Gottes steht er ihm zur Seite», sagt *Nanak*. Über die Taten ihrer Schüler rechnen die Heiligen (*Darveshs*) ab. Der Meister ist alles in allem der einzige, der über die Taten der Schüler zu richten und zu urteilen hat, ob diese rechtschaffen sind oder nicht; er behandelt sie so, wie er es für richtig hält. «Denn wie der Vater das Leben in sich selber hat, so hat er auch dem Sohn gegeben, das Leben in sich selber zu haben, und hat ihm Vollmacht gegeben, Gericht zu halten, weil er des Menschen Sohn ist.» (Joh 5,26-27). Mit dieser großen Verantwortung für den Schüler erklärt *Nanak* mit allem Nachdruck:

> Liebe den wahren Meister und erwirb die
> wahren Schätze;

Wer an ihn bis zuletzt glaubt, den wird der
Meister wirklich retten.
Wie wandelnde Geister steigen die vom Gemüt
Geplagten auf und ab,
Tiere in Menschengestalt - durch und durch
des Lichtes beraubt.

Malar War. 1

Die Entfernung spielt für den wahren Meister keine Rolle. Die Meisterkraft erscheint im letzten Augenblick oder schon früher, gleichgültig, wo sich der Schüler befindet, ob in der Nähe oder Ferne. Der Meister teilt ihm mit, daß die unausweichliche Stunde seines Scheidens von dieser Welt unmittelbar bevorsteht und er deswegen kommt, um ihn zu begleiten. Die feinstoffliche Gestalt des Meisters leuchtet auf und führt die Seele in höhere Regionen und weist einem jeden den angemessenen Platz zu, der ihm entsprechend seiner Ausübung des heiligen Wortes zu Lebzeiten zusteht. Zugleich gibt er ihm die notwendigen Anweisungen für eine weitere und vollständigere Entwicklung auf dem spirituellen Pfad. «In meines Vaters Haus sind viele Wohnungen. Wenn's nicht so wäre, hätte ich dann zu euch gesagt: Ich gehe hin, euch die Stätte zu bereiten? Und wenn ich hingehe, euch die Stätte zu bereiten, will ich wieder kommen und euch zu mir nehmen, damit ihr seid, wo ich bin.» (Joh 14,2-3). Wenn jemand wegen seiner Nachlässigkeit bestraft werden muß, tut der Meister das selbst, doch liefert er seinen Schüler nie dem Höllenfeuer aus. Der König des Schattenreiches, der die göttliche Waage hält und jeden nach seinen Taten richtet, hat keine Macht über die gelehrigen Schüler des Meisters, denn sie leben «im Namen des Herrn, der eine feste Burg ist» (Sprüche 18,10). Es ist ihm nicht gegeben, ein Urteil über sie zu fällen und zu vollstrecken. In allen diesen Fällen entscheidet der Meister selbst und erledigt die Angelegenheiten so, wie er es für richtig hält. «Der Herr hat Gefallen an denen, die ihn fürchten, die auf seine Güte hoffen.» (Ps 147,11). Und wiederum heißt es: «Denn wen der Herr lieb hat, den züchtigt er, denn er schlägt einen jeden Sohn, den er annimmt.» (Hebr 12,6). Kurz gesagt:

> Jene, die den Meister lieben, sind nie allein,
> sie sind niemandem Rechenschaft schuldig,
> noch müssen sie Schmerzen erleiden.
>
> Gujri War M. 3

Aber die Initiierten, die keine Liebe für die Welt mehr haben, werden nicht auf der irdischen Ebene wiederverkörpert, es sei denn, der Meister hielte es aus einem besonderen Grund für notwendig. In einem solchen Fall geht man nicht die Stufenleiter hinunter, sondern wird in eine Familie frommer und gläubiger Eltern wiedergeboren, so daß der Neugeborene leicht mit einem Meister-Heiligen in Verbindung kommt und schon im frühen Alter seinen Heimweg ohne jedes Hindernis wiederaufnimmt, denn die vom Sämann (dem Meister) gelegte Saat des Wortes bleibt für immer in den Tiefen seiner Seele.

Sie kann nicht anders, als zu gegebener Zeit durch das Wasser des Lebens, das er mit Sicherheit von dem Meister seiner Zeit bekommen wird, aufzugehen, zu blühen und Frucht zu tragen. «Die Gabe des *Guru* kann einem niemals genommen werden. Er, der sie verliehen hat, weiß, wie man hinüberkommt.» (Maru M. 1). «Wenn ein *Sant* die Saat einmal gesät hat, hat keiner die Macht, sie zu vernichten.» (*Soami Ji*)[4].

Hafiz, der persische Mystiker und Dichter, sagt:

[4] *Soami Ji*: Soami Shiv Dayal Singh (1818-1878); ein großer Heiliger aus Agra; Meister des Surat Shabd Yoga

> Sei dessen sicher, daß am Tag des Gerichts im
> Land der Heiligen (*Darveshs*) die Taten nicht
> aufgezählt werden.

Shamas-i-Tabrez, ein anderer großer Mystiker Persiens, erklärt:

> Der Tod zerbricht den Käfig und läßt den
> Geist frei.
> Der Tod hat keine Macht über den Phönix, der
> stirbt,
> um sich wieder emporzuschwingen.
> Warum sollte ich nicht in meine einzige
> Heimat zurückfliegen?
> Warum sollte ich zaudern in der irdenen
> Form?

Und weiter:

> Die Liebenden wissen, wo und wie sie sterben,
> sie nehmen und genießen den Tod als ein
> Geschenk des Geliebten:
> mit dem geöffneten inneren Auge sehen sie die
> Herrlichkeit Gottes,
> während andere mit verbundenen Augen in
> die Sackgasse getrieben werden.
> Während die Liebenden glücklich den Weg
> zum Herrn gehen,
> sterben die Unwissenden einen schrecklichen
> Tod.
> Wer die Nächte in Gottesfurcht schlaflos
> verbringt,
> hat nichts im Leben zu bereuen, noch zu
> hoffen oder zu fürchten;

während sie hier seinen Blick der Gnade
suchen,
gehen sie heiter in Seine heilige Gegenwart
ein.

Die dritte Gruppe umfaßt solche Menschen, die aus den Anweisungen des Meisters das Beste machen, aber die Vollendung noch nicht erreicht haben, obwohl sie auf dem besten Weg dorthin sind. Diese Seelen kennen schon im voraus Tag und Stunde ihres Weggangs. Da sie mit dem Sterbevorgang völlig vertraut sind und ihn jeden Tag erfahren, haben sie keine Angst vor dem Tod, denn sie kennen sein schattenhaftes Wesen.

Im Gegenteil, sie erwarten den festgelegten Zeitpunkt und legen die abgetragene sterbliche Hülle freiwillig ab, genauso wie sie sie bei ihrem Eintritt in die Welt angelegt hatten. Sie kennen einige der höheren Ebenen der geistigen Welt, die sie tagaus tagein mit Hilfe der Meisterkraft durchqueren, und kennen die Ebene, zu der sie zuletzt für ihren Aufenthalt nach dem Tode gehen müssen, genau. Dort leben sie eine Zeitlang und arbeiten sich in noch höhere Regionen empor. Sie leben ständig bewußt in der Liebe zum Meister, und die Meisterkraft bleibt immer in ihnen. Der Meister ist ihre Hauptstütze und ihr Halt, und sie schulden niemand anderem Gehorsam. «Regiert euch aber der Geist, so unterliegt ihr nicht dem Gesetz.» (Gal 5,18).

Nicht zuletzt kommen die vollendeten Seelen. Sie sind zu Lebzeiten befreite Wesen (*jivan mukats*) und führen ein freies Leben des Geistes. Sie wissen weit vor ihrer Zeit genauestens, wann sie zur Wohnstatt des Herrn zurückkehren müssen und erwarten mit Freude die Stunde, in der sie aufgefordert werden, ihr körperliches Gehäuse zu verlassen. Sie begrüßen auch die Art und Weise, in der dies geschieht, sei es am Kreuz oder Galgen, auf glühendheißen Eisenplatten oder auf dem Schafott. Ohne eigenen Willen leben sie im Willen Gottes und nehmen den Tod freudig als Weg zur Wiedervereinigung mit dem Geliebten an. Sie denken nicht daran, ob das Sterben schnell vor sich geht oder langsam, ein Tod, wie er manchmal von religiösen Eiferern, von tyrannischen Kirchenfürsten und Machthabern verhängt wird, ist dies doch der Augenblick ihres größten Glücks. Von da an führt sie jeder Augenblick dem Ende ihres Lebens zu. Es kümmert sie nicht, ob ihnen die Haut bei lebendigem Leibe abgezogen wird, ob sie in Stücke geschlagen oder auf dem Scheiterhaufen verbrannt werden, ob man ihnen einen Giftbecher reicht oder sie zusammen mit Schwerverbrechern ans Kreuz schlägt. Tritt der Tod, gleich in welcher Form, ihnen entgegen, reichen sie ihm begeistert die Hand. So ist der Weg, den *Gurmukhs*[5], Heilige und Propheten gehen.

Von *Guru Amar Das* wird gesagt, daß er, als die Zeit seines Todes nahte, seine Gemeinde (*Sangat*) rufen ließ und zu ihnen sprach: «Ich gehe zurück zum Herrn (*Hari*). Niemand sollte um mich weinen. Wer dies tut, wird mein Mißfallen erregen. Wenn ich gegangen bin, sollt ihr euch alle in die stille Musik der Seele vertiefen.»

Ähnlich drückt es *Shamas-i-Tabrez* aus: «Am Tag meines Todes, wenn die Bahre langsam weggetragen wird, denkt keinen Augenblick, daß ich dem Leben in irgendeiner Weise nachtrauere! Seht ihr meinen Sarg, sprecht kein Wort über Trennung aus, denn erst dann bin ich eins mit dem Herrn. Wenn ich mein Gesicht von der Welt abwende, werde ich der ewigen Wirklichkeit ins Auge sehen.»

[5] *Gurmukh*: der Schüler, der seinem Meister ganz vertraut, von Liebe zu ihm erfüllt ist und seine Anweisungen befolgt

Hazoor Baba Jaimal Singh Ji Maharaj[6] hatte sein bevorstehendes Ende lange Zeit vorher vorausgesagt. Als er sich dem Ende seiner irdischen Pilgerreise näherte, sagte er: «Ich gehe zurück in meine Heimat, und niemand soll mich drängen zu bleiben. Meine Mission in diesem Leben ist beendet, und ich habe unermeßliche spirituelle Reichtümer gesammelt. Glücklicherweise gehe ich zur Wohnstatt des Herrn.»
Es ist ein Vergehen, das Ableben von Heiligen zu bedauern und zu beklagen, denn sie kehren wahrlich in ihre Heimat zurück. Wenn man will, kann man viele Tränen über den Tod eines weltlichen Menschen vergießen, der vom Herrscher der Unterwelt gewaltsam aus dem Körper gestoßen und gezogen wird und sich auf Umwegen auf und ab bewegt: «O *Kabir*, warum einen Heiligen beweinen, der in seine Heimat zurückkehrt? Beweine, wenn es sein muß, einen weltlichen Menschen, der von einem zum anderen geworfen wird.»

Wenn Heilige zurückgerufen werden, erhalten sie nach der Vollendung ihrer Mission einen Ehrenplatz in Seinem Reich. Einen solchen Tod zu sterben ist ein seltenes Vorrecht und ein wahrer Segen, der den Neid mächtiger Kaiser und Könige erregen kann.

[6] *Hazoor Baba Jaimal Singh*: auch Baba Ji genannt (1839-1903), der Meister Baba Sawan Singhs und Schüler Soami Jis, lebte in Beas

Was ist nach dem Tod?

«Und Gott sprach: Es werde Licht! Und es ward Licht.» (Genesis 1,3). Und dies ist «das wahrhaftige Licht, das alle Menschen erleuchtet, die in diese Welt kommen». Und das Licht ist das Leben der Menschen.

In denkwürdigen Worten wie diesen beschreiben alle Schriften den Ursprung oder die Erschaffung der Welt und all dessen, was in der Welt ist. Lichtstrahlen, die mit der Musik des Lebens vibrieren, gingen von dem formlosen absoluten Sein aus und brachten die Welt in ihren bunten Farben und zahllosen Formen und Gestalten hervor.

Wie oben, so unten. Der Geist und die Kraft Gottes, in dem vibrierenden heiligen Licht offenbart, durchdringen alle vier großen Aufteilungen des Universums: *Sach Khand*, die Wohnstatt der Wahrheit oder der unwandelbaren Dauer in ihrer ursprünglichen Reinheit, in der die Ursache für das Materielle, das Gemüt, noch verhüllt und verborgen ist; *Brahmand*, das Reich von *Brahman*, die zweite große Abteilung des Universums, die nach dem Willen des höchsten Wesens durch das universale Gemüt in seiner Ursubstanz geschaffen wurde; als nächstes *And* oder die dritte große Abteilung, Astralwelt genannt, mit dem Gemütsstoff in seiner feinstofflichen Form; und zuletzt *Pind* oder die physische Welt als vierte große Abteilung, die Schöpfung des grobstofflichen Gemüts.

Während unseres Aufenthaltes auf Erden arbeiten wir unser Schicksal oder unsere Bestimmung ab, wie es mit großer Genauigkeit in den sogenannten *Pralabdh-Karmas*[1]

[1] *Pralabdh-Karma*: der Teil unseres Karmas, der das Schicksal unseres gegenwärtigen Lebens bestimmt

vorgesehen ist. Diese bestimmen in groben Umrissen den allgemeinen Rahmen, der die Dauer und den Ablauf des Lebens in jedem einzelnen Fall festlegt. Die irdische Ebene ist sozusagen eine große Abrechnungs- oder Buchhaltungsstelle, wo jeder seine Rechnungen, die aus der Vergangenheit stammen, begleichen muß. Indem wir dies tun, eröffnen wir wohl oder übel neue Konten, nehmen Kredite und Schulden auf, die wir irgendwann in der fernen Zukunft zurückzahlen und begleichen müssen, und niemand weiß, wie und wann, in welcher Form und unter welchen Umständen dies geschehen wird. Während wir also ernten, was wir in der Vergangenheit gesät haben, bereiten wir jederzeit den Boden für neue Saaten, für gute, schlechte oder neutrale. Und dies alles tun wir wahllos, angetrieben von Gemüt und Sinnen.

Die Weisen nennen die irdische Ebene das Feld der Handlungen (*karam kshetra*), wo das Säen und Ernten immer von selbst weitergeht - unter der Oberaufsicht, Leitung und Kontrolle des Königs im Schattenreich (*Dharam Raj*), der jeden Gedanken, jedes Wort und jede Tat, wie nichtig und unbedeutend sie auch erscheinen mögen, genau und gerecht abwägt und beurteilt und über jeden am Ende seiner Lebensspanne Recht spricht. *Guru Nanak* nennt diese Region «*Dharam Khand*», denn jede Pilgerseele, die dort hinkommt, muß das «Gesetz von Strafe und Belohnung» in seinem vollen Ausmaß erfahren; es ist für alle ohne Ausnahme oder Vergünstigung gültig.

Jeder wird nach dem Gewicht seiner Handlungen und Taten gemessen und lernt manchmal durch harte und schwere Schläge die große Lektion von *Brahman*, dem Herrn der folgenden drei Reiche: des grobstofflichen oder physischen (*Pind*), des feinstofflichen oder astralen (*And*) und des kausalen oder instrumentalen (*Brahmand*). Alle drei sind Zonen des universalen Gemüts mit zahllosen Ebenen und Unterebenen. Sie schließen unter anderem verschiedene Himmel und

Höllen mit wiederum vielen Zwischenstufen ein, die man durch seine Sinne, Gefühle und Empfindsamkeiten wie Zuneigung und Abneigung, Liebe und Haß, Stolz und Vorurteile erzeugt, die aus Wünschen verschiedener Art geboren werden. So schafft sich jeder seinen eigenen Aufenthaltsort - und dies nicht nur hier auf der Erde, sondern auch danach in den astralen und mentalen Welten, in denen man die seit Anbeginn der Zeiten in verschiedenen Verkörperungen angesammelten Eindrücke speichert. Sie alle bleiben in der Seele, verborgen im Schoß des Saatkörpers. Ein Teil von ihnen bildet bei der Wiedergeburt einen ätherischen Körper, der dem dichten grobstofflichen Körper vorausgeht. So «erhält das Schicksal seine Gestalt schon bevor das physische Gewand bereitliegt», um die darin enthaltenen Ursachen zur Auswirkung zu bringen.

Auf ähnliche Weise nimmt die scheidende Seele beim Tod alle Lebenseindrücke mit, die tief in das Gemüt eingeprägt sind, ebenso wie die starken Wünsche, die während des ganzen Lebens bestanden haben. Sie werden nun in ihren leuchtenden Farben ausgesondert und bestimmen dann im astralen und mentalen Reich der Seelen den Ablauf des zukünftigen Schicksals. Hat die Seele den physischen Mantel abgestreift, tritt jetzt gleichsam im Licht der Mittagssonne ihre feinstoffliche Individualität zutage.

Die Menschen mögen sich hier eine Zeitlang etwas vormachen, indem sie ein frommes Gesicht aufsetzen und sich mit schönen Gewändern bekleiden. Es mag ihnen fürs erste gelingen, andere zu täuschen, doch in der Astralwelt, wo man die feste äußere Umkleidung, das grobstoffliche Körpergewand nicht mehr hat, kann niemand mehr den Scheinheiligen spielen.

> O Nanak, dies ist der Ort, an dem das göttliche Mysterium schließlich enthüllt wird.

Vollkommen ist, wer die Vollkommenheit
verehrt.
Und die Unvollkommenen werden dort vollkommen gemacht.
Die Sterbenden, die kommen, um wiedergeboren zu werden,
sind noch nicht vollkommen.

Die Astralwelt ist die Welt der geistigen Wesen oder der entkörperten Seelen, die den physischen Körper abgeworfen haben und noch in die feinstofflichen und mentalen Umkleidungen gehüllt sind. Sie wird auch «*Pitri Lok*» genannt, der Ort, wo sich die *Pitris* oder *Manen*[2] der klar umrissenen Seelen verstorbener Ahnen befinden. Hier sind die Seelen im siebenfachen Schleier der Astralwelt gefangen und ziehen aus allen darin existierenden Unterebenen feinstoffliche Materie an. Hier werden die Dinge ausgearbeitet, die sie auf Erden in Gang gesetzt haben. Hierbei machen sie bestimmte Reinigungsprozesse im göttlichen Schmelztiegel durch, so daß sie, nachdem die Schlacke herausgebrannt ist, für das Land der strahlenden Wesen würdig sind.

Annie Besant (1847-1933), eine Schülerin von *Madame Blavatsky*[3], hat in ihrer bekannten Studie «Uralte Weisheit» eine anschauliche Beschreibung der verschiedenen Unterebenen des von ihr «*Kam Lok*» genannten untersten Bereichs der Astralwelt gegeben. Der Name deutet darauf hin, daß es ein «Ort der Wünsche» ist, der sieben Unterteilungen haben soll, wovon jeder mit Menschen unterschiedlichen Wesens und Temperaments bevölkert ist. Der Abschaum der Gesellschaft, die gemeinsten der gemeinen Mörder und Räuber,

[2] *Manen*: im alten Griechenland die Seelen der Verstorbenen
[3] *Mme. Blavatsky*: 1831-1891, Begründerin der Theosophischen Gesellschaft

Raufbolde und Liederlinge, Menschen mit bestialischen Neigungen und tierischen Begierden, die sich, während sie auf Erden lebten, tierische Astralkörper geschaffen haben, erscheinen nun nach dem Tod in ihren ungezähmten Gestalten als ihr natürliches Abbild und in ihrer eigentlichen Scheußlichkeit auf der untersten Ebene der Hölle, wo sie brüllend, tobend und rasend umherziehen wie Dämonen auf der Suche nach Möglichkeiten, ihre unersättlichen Begierden zu befriedigen. In dieser trostlosen und abscheulichen Umgebung ernten sie was sie selbst gesät haben und lernen die so dringend notwendige Lektion, die sie bei Lebzeiten zu lernen versäumt hatten, als sie im Auf und Ab der Begierden und Wünsche hin- und hergewirbelt wurden. Die Lektionen der Natur sind bitter und hart, aber letztendlich gnädig, da sie schließlich ihrem Wohl dienen.

Zur nächsten Unterebene kommen die Seelen, die ihren Körper mit großer Angst verlassen haben, was schwer auf ihnen lastet, oder solche, die ein unstillbares Verlangen oder Bedürfnis nach Vergnügungen und Genuß haben.

Danach kommen zwei weitere Unterebenen für die gebildeten und nachdenklichen Menschen, die während ihres Lebens auf Erden hauptsächlich mit weltlichen Angelegenheiten beschäftigt waren. Ihre Aufmerksamkeit ist mehr nach vorwärts als nach rückwärts gerichtet, denn sie gehören zu den fortschrittlichen Menschen.

Von der fünften Unterebene an verändert sich die Umgebung beträchtlich und wird im wahrsten Sinn des Wortes «astral», nämlich wirklich gestirnt, gleichsam mit Sternen übersät, und die Umgebung ist auf heitere Weise inspirierend. Diese drei Unterebenen werden beschönigend als Himmel bezeichnet, Himmel einer niedrigeren Art, die manchmal, wie im späteren Judentum, untere Himmel genannt werden und die im Unterschied zu den höheren Himmeln in der Unterwelt liegen.

Die religiösen und philosophischen Eiferer gelangen in die materialisierten Himmel der fünften Region, die sie sich auf der Erde wünschten und ersehnten - wie die ewigen Jagdgründe, die *Walhalla*, die letzte Ruhestätte berühmter Verstorbener und im Kampf gefallener Helden, das freudvolle Paradies der Moslems (*Bahisht*), das goldene Neue Jerusalem mit seinen Toren aus Edelsteinen oder den Himmel der Bildung und Gelehrsamkeit.

Die höher entwickelten Seelen, wie die von Künstlern, finden ihren Platz auf der sechsten Unterebene. Die siebte oder höchste ist für die materialistisch ausgerichteten Intellektuellen bestimmt, wie Politiker, Führungskräfte und Wissenschaftler, die auf Erden ausgesprochen materialistisch eingestellt waren und sich mit der Aneignung ihres Wissens den Wegen der Welt verschrieben haben. Das Leben in *Kam Lok* wird als aktiver beschrieben, die Formen als plastischer, die Geist-Materie als stärker geladen und feinstofflicher, als nicht greifbar und nicht wahrnehmbar, aber als durchsichtig und licht. Die Gedankenformen erscheinen und vergehen hier aufgrund der hohen Geschwindigkeit der Schwingungen, die von den Sinneswahrnehmungen, Empfindungen und Gefühlen erzeugt werden, in rascher, kaleidoskopischer Folge. Ein spirituell entwickelter Mensch mit einem geläuterten Astralkörper durchquert *Kam Lok* nun ohne Verzögerung. Wer rein und maßvoll ist, gelangt, auch wenn er seine Vorsätze nur in geringem Maße einhält, friedlich träumend hindurch. Andere, die weniger weit entwickelt sind, erwachen in einer Region zu Bewußtsein, die der ihres Wirkens im Leben ähnelt. Jeder einzelne von denen, die noch an ihren animalischen Neigungen hängen (Dämonen), erwacht buchstäblich und genau «an seinem Platz» in der ihm entsprechenden Region, der er angehört.

Diese Ebene ist heimtückisch und trügerisch, und deshalb ist es jenen, die von einem vollendeten Meister ihrer Zeit in die göttlichen Geheimnisse des Jenseits initiiert wurden, nicht gestattet, dort zu verweilen, damit sie sich hier nicht betören lassen. Im Gegenteil, sie werden, von einem Schutzmantel umhüllt, rasch hindurchgeführt zu höheren Ebenen, um hier Reife und Standfestigkeit zu erlangen, damit sie später die Fähigkeit besitzen, mit Selbstvertrauen dem verführerischen Zauber und den irreführenden, blindmachenden Reizen dieses Ortes standzuhalten und nicht an ihrem Aufstieg in die geistigen Regionen gehindert zu werden.

Von der astralen Welt der Wünsche kommen einige Seelen in eine andere Welt, die Welt der Gedanken. Es ist ein mentaler Bereich (*mano-mai srishti*), der vom denkenden Gemüt, dem sogenannten *manas*, geschaffen ist. Gedanken haben eine gewaltige Kraft, und jeder Mensch schafft sich auf Erden durch Ketten von Vorstellungen und Phantasien sein eigenes Traumland, zu dem die Seele nach dem Tod allmählich hingeführt wird, um - wie man sagt - die «Luftschlösser» zu erleben.

Auf jeder Stufe, vom universalen *Brahman* mit seinem reinen Geistwesen bis hinunter zum Einzelwesen webt sich das Gemüt seine eigene Welt. Es freut sich, darin zu leben wie eine Spinne im eigenen Netz gefangen, hinauf- und hinunterjagend, nach rechts und nach links in dem feingesponnenen Gewebe, das sie aus einer dünnen, feinen, aus ihrem eigenen Körper stammenden Masse kunstvoll gesponnen hat. Das gleiche bewerkstelligen die Denkmuster und Vorstellungen, die von jedem Individuum ausgehen, um ein wunderbares Reich aus Gedanken zu schaffen, und zwar lange bevor der Denkende im Körper aus dem Gefängnis seiner physischen Existenz in der materiellen Welt befreit ist.

Wie du denkst, so wirst du. Dies ist ein Naturgesetz, und niemand kann sich seinem Wirken entziehen. In dieser Welt der Gedanken sind die Gedankenschwingungen die einzigen Verständigungsmöglichkeiten zwischen Seele und Seele, und alle Seelen leben in enger Gemeinschaft miteinander. Raum und Zeit spielen da keine Rolle. Wenn es überhaupt eine Trennung zwischen ihnen gibt, nur deshalb, weil keine Zuneigung besteht, aus keinem anderen Grund. Alles in allem ist das Leben hier reicher, erfüllter und weiter entwikkelt als in irgendeiner der vorangegangenen Regionen, doch die Täuschung bleibt fortbestehen, da diese Region aus dem Gemütsstoff eines jeden kommt. Niemand kann der Täuschung ganz entgehen, auch wenn er seinen eigenen Himmel in Fülle genießt - sei er weit und ausgedehnt oder seicht und begrenzt, je nach Gemütsart des einzelnen. Doch bewahrt jeder inmitten des ihn umgebenden Scheins einen Sinn für die Wirklichkeit in sich.

Ein Heiligtum von besonderer Bedeutung in der mentalen Welt ist *Dev Lok*, die Wohnstätte der strahlenden Wesen (*Devas*). Dies sind sehr aufgeklärte Menschen ihrer Zeit, die in ihren wissenschaftlichen Untersuchungen weit fortgeschritten sind. Hier befinden sich die *Svargas* und *Baikunths* der Hindus, das *Sukh Vati* der Buddhisten, die Himmel der Anhänger von *Zarathustra* und der Christen, der *Arsha* der weniger materialistischen Moslems und die erhabenen Paradiese oder Vergnügungsplätze im späteren Judentum. Hier liegt der Garten Eden, aus dem der Mensch von Gott vertrieben und verbannt wurde, nachdem er zum ersten Mal gegen seine Gebote verstoßen hatte. *John Milton* (1608-74), ein großer Dichter und genialer Mensch seiner Zeit und ein politisch und spirituell tiefgründiger Denker, hat in seinen unsterblichen klassischen Werken «Das verlorene Paradies» und «Das wiedergewonnene Paradies» eine wunderbare Darstellung vom Sündenfall des Menschen, seiner Auferstehung und seiner Rückkehr zu Gott durch die Fürsprache des Menschensohnes gegeben.

Ohne sich durch die Schriften der einzelnen Religionen, die sich mit den verschiedenen Bereichen menschlichen Lebens nach dem Tode befassen, hindurchkämpfen zu müssen, wollen wir noch einmal auf *Brahma Vidya* oder die göttliche Wissenschaft zurückkommen, die von den Griechen richtig als «Theosophia» bezeichnet wurde und eine entsprechende Philosophie darstellt, die die Weisheit des Ostens und des Westens in sich vereint. Wenn wir uns wieder der großen Okkultistin *Annie Besant* zuwenden, erfahren wir, daß die mentale Ebene von menschlichen Wesen bewohnt ist, die ihre physische und astrale Hülle bereits abgelegt haben. Von den eigennützigen animalischen Trieben gereinigt, kommt jeder in diese Region, um die Früchte seiner guten, wie auch immer gearteten Taten zu ernten als reiche oder geringe Ernte je nach dem Ausmaß guter Gedanken, persönlicher Bestrebungen und Wünsche, Hoffnungen oder Ängste, Vorlieben und Interessen. Wir können nicht mehr haben, als wir sind, und unsere Ernte entspricht dem, was wir gesät haben. «Irret euch nicht, Gott läßt seiner nicht spotten. Denn was der Mensch sät, das wird er ernten.» (Gal 6,7). Es ist eine Welt des «guten Gesetzes», das gerecht und gnädig ist und jedem den seinem Wirken auf Erden angemessenen Lohn zuteilt. Jeder Gedanke, jede Bestrebung, die sich zu Kraft entwickelt, gescheiterte Bemühungen, die sich in Fähigkeiten verwandeln, Kämpfe und Niederlagen, die zu Säulen von Kraft und Stärke, Sorgen und Irrtümer, die zu glänzender Rüstung umgeformt werden, dies alles trägt nun Frucht in einer der sieben Unterebenen oder Himmel im Lande der Mitternachtssonne, wo uns das erwachende Selbstbewußtsein die Umgebung außerhalb unserer selbst voll bewußt macht: Die Erinnerung weitet sich in die bisher unbekannte Vergangenheit aus und bringt die Ursache ans Licht, die unser Leben auf Erden formte und ebenso jene, die wir für die ferne Zukunft geschaffen haben. Vergangenheit, Gegenwart und Zukunft geben uns jetzt einen vollständigen Überblick über das Leben, das wie ein offenes Buch nichts verbirgt und vorenthält.

Hier entwickelt man ein Auge, das alles sieht, und wird im wahrsten Sinn des Wortes zum vollkommenen Seher, soweit es die eigene Existenz betrifft.

In dieser Himmelswelt wird der unterste Bereich den am wenigsten entwickelten Seelen zugewiesen, die Familie und Freunde aufrichtig und selbstlos lieben und edlere, reinere und bessere Menschen als sie es selbst sind, verehren. Entsprechend begrenzt und gering ist die Bemessung ihres Lohns, das Gefäß ihrer Empfänglichkeit ist klein. Dennoch fließen sie über vor Freude, Reinheit und Harmonie und werden nach einiger Zeit mit erweiterten Kräften und Fähigkeiten auf dieser Ebene wiedergeboren.

Als nächstes kommen Männer und Frauen mit religiösem Glauben hierher, deren Herz und Sinn Gott zugewandt sind, und zwar dem persönlichen Gott ihrer eigenen Wahl mit irgendeinem Namen und irgendeiner Gestalt, an die sie glaubten; der Namenlose und Formlose erscheint ihnen in der gleichen Gestalt, in der sie Ihn liebend verehrten, und überschüttet sie mit hingebungsvoller Berauschung, die ihrem geistigen und emotionalen Aufnahmevermögen entspricht. Das Göttliche kleidet sich in die Form, die seinem Ergebenen vertraut ist. Es ist wirklich seltsam, daß die Menschen vergessen, daß alle Gottheiten in der menschlichen Brust wohnen. Wir brauchen uns nur nach innen zu wenden, um den Formlosen in der Gestalt zu erblicken, in der wir Ihn am meisten verehren. Es heißt daher: «Er ist gestaltlos, und doch sind alle Formen die Seinen; Er ist namenlos, und doch sind alle Namen die Seinen; nenne Ihn, wie immer du willst, und Er wird sich dir zuwenden.»

Zur dritten Ebene kommen die aufrichtig ergebenen Seelen, die Gott im Menschen sehen, Ihm dienen und Ihn in Seiner offenbarten Schöpfung verehren. An diesem Ort werden sie für kommende Zeiten zu den besten Freunden der

Menschheit herangebildet und mit einer großen Kraft selbstloser Liebe für die Menschheit ausgestattet.

Die Seelen überragender Geister der Schönen Künste, wie Malerei, Bildhauerei und Musik, die Erforscher und Entdekker der Naturgesetze sowie eifrige und ehrfurchtsvolle Gelehrte, welche die Tiefen des Wissens ergründen, bekommen in der vierten Unterebene die Gelegenheit, sich zu vollkommenen Lehrern der Menschheit für künftige Zeitalter zu entwickeln; und wenn sie kommen, dienen sie als Fackelträger, die ihre Fußspuren im Sand der Zeit zurücklassen.

Als nächstes kommen drei höhere Regionen formloser Himmel. Eine große Anzahl von Seelen erreicht die untersten Bereiche, wo sie sich nur kurz aufhalten und entsprechend dem, was sie gesät haben, einen flüchtigen Einblick erhalten. Danach kehren sie auf die irdische Ebene zurück und versinken in das große Unbekannte.

Doch Seelen mit großer Nachdenklichkeit und edler Lebensführung erkennen die Wahrheit genau und unmittelbar, sehen die wesentlichen Ursachen und die allem zugrundeliegende Einheit. Sie erfahren in völliger Harmonie das unveränderliche Walten des göttlichen Gesetzes inmitten der dem ungeschulten Auge gänzlich unvereinbar erscheinenden Eindrücke - und wo «doch alle Dinge, obwohl sie sich unterscheiden, miteinander im Einklang sind.» (*Pope*).

Noch weiter fortgeschrittene Seelen, die ein vollkommenes und lückenloses Gedächtnis haben, gehen den Weg zur sechsten Unterebene. Nachdem sie die Reichtümer des göttlichen Gemüts (*Brahmand*) gesammelt haben, kehren sie als große Wegbereiter der Menschheit zurück, um den Menschen die Wege Gottes verständlich zu machen und Gott zu verherrlichen. Die «mächtigen Toten» vergangener Zeiten erhalten hier einen Vorgeschmack von dem «herrlichen Leben», sie sehen und erleben, wie der Wille *Brahmans* in seiner ganzen

Fülle arbeitet, ohne daß ein Glied in der Kette der Ursachen fehlt.

Die höchste Unterebene erreichen die Seelen der Meister des *Brahma Vidya* und ihre Initiierten (*Brahmacharis*), denn nur ein Initiierter kann die «enge Pforte» und «den schmalen Weg, der zum Leben führt», finden; und so treten die wenigen Auserwählten in das Land und das Leben *Brahmans* ein. Sie erfreuen sich dort des größtmöglichen Selbstbewußtseins, haben aber noch nicht am kosmischen Bewußtsein teil.

Am Ende faßt *Annie Besant* die Sachlage folgendermaßen zusammen: «Dies ist eine Beschreibung der sieben Himmel; zur angemessenen Zeit durchschreiten die Menschen nach der Verwandlung, die sie Tod nennen, den einen oder anderen Himmel. Denn der Tod ist nur eine Umwandlung, die der Seele eine teilweise Lösung aus ihren schwersten Ketten erlaubt. Er ist nichts weiter als die Geburt in ein weiteres Leben, eine Heimkehr nach kurzer Verbannung auf die Erde in die wahre Heimat der Seele (Heimat des universalen Gemüts); sie gelangt dabei aus einem Gefängnis in die Freiheit der höheren Sphären. Der Tod ist die größte Täuschung auf Erden; es gibt keinen Tod, sondern nur einen Wechsel in den Lebensbedingungen. Das Leben geht immer weiter, ununterbrochen, nicht abbrechbar; es ist 'ungeboren ewig, uralt beständig', es ist nicht zu Ende, wenn der Körper, der es umhüllt, vergeht. Wenn wir uns vorstellen, daß mit dem Zerfall des Körpers die Seele vergeht, ist das das gleiche wie die Annahme, daß der Himmel herabstürzt, wenn ein Krug zerbricht.

Der Lauf der Menschheit kommt nach dem Tod in den drei Welten, der physischen, astralen und mentalen, zur Ruhe. Die von der physischen Hülle befreiten Seelen werden auf dem gewaltigen Lebensrad *Brahmans* durch die Antriebskraft ihrer eigenen Gedanken, Worte und Taten weitergetragen, auf und ab. Es ist alles ein Spiel des individuellen

Gemüts, das sich mit seinem weitgefächerten Bereich von der untersten, der physischen, bis zu den mentalen Welten ausbreitet. Hier schafft man sich für das Leben danach seinen eigenen Raum für einen langen oder kurzen vorübergehenden Aufenthalt, der dem entspricht, was der einzelne braucht, um die Lektionen von *Brahman* zu lernen. So schreitet man auf dem Pfad zur Vollkommenheit voran, und jede Seele bringt eine möglichst reiche Ernte ein, bevor sich die Ursachen erschöpft haben, die von äußeren Antriebskräften ihrer Umgebung in den verschiedenen Ebenen der beschriebenen drei Welten in Gang gesetzt wurden.

Der Kausal- oder Saatkörper der menschlichen Seele, das innerste Gewand, hat noch zwei weitere sehr feine und kostbare Hüllen darunter, erst die *buddhische* (*vigyanische*) und dann die *nirvanische* (*anandische* oder glückseligmachende). Nur eine tapfere, eine wirklich sehr tapfere Seele wie die des Prinzen *Siddharta* kann in das Stadium *Buddhas* eintreten, zu *Buddha*, dem Erleuchteten, werden und sich der Glückseligkeit des Schöpfers der drei Universen erfreuen. Er kommt auf die Erde, um der Welt das Gesetz von den daseinsbedingenden Kräften (*Dhamma* oder *Dharma*) zu vermitteln, wobei der Schwerpunkt auf der Wunschlosigkeit liegt, damit das Gemüt von allen Bindungen befreit wird und dann den achtfachen Pfad der Rechtschaffenheit gehen kann, der zur Vollkommenheit führt.

Wiederum mag es ein *Jain Tirthankara* sein, der große Held (*Mahavira*), der Tapferste der Tapferen, der es wagen konnte, sich dem göttlichen Thron *Brahmans* zu nähern und der Welt das Gesetz der universalen Liebe und der Gewaltlosigkeit (*ahimsa*) zu verkünden, der Liebe für alle Geschöpfe, angefangen beim winzigsten, hilflos im Staub kriechenden Insekt und den zahllosen Luft- und Wassergeistern, die, für das bloße Auge unsichtbar, in ihren jeweiligen Sphären ziellos umhertreiben.

Auf der Erkenntnisebene (*buddhi*) entwickelt der Mensch die intellektuelle Seite des Göttlichen und beginnt in sich das gleiche Selbst zu sehen und zu erkennen wie auch in allen anderen ringsumher. Er ist ebensosehr in diesem Selbst wie sie. So gelangt er zu der großen grundlegenden Einheit des Seins (*Sutra-Atma*), die alles, wie die vielen Perlen an der Kette eines Rosenkranzes, von der Ameise bis zum Elefanten umfaßt - trotz der inneren und äußeren Unterschiede in Form, Größe und Farbe, die auf den klimatischen Bedingungen, den intellektuellen Voraussetzungen und der inneren Entwicklung beruhen. Nun wohnt die menschliche Monade, das ausgeatmete Leben *Brahmans*, mit göttlichen Kräften und Eigenschaften ausgestattet, in den eingeatmeten Leben *Brahmans* und sehnt sich nach dem Zustand der inneren Glückseligkeit Gottes - nach dem *Atman*- oder *Nirwana*-Bewußtsein der Seins-Bewußtseins-Seligkeit (*Sat-chit-ananda*), dem Herz und der Seele des Universums, das nun das ihre wird, und sie ist eins mit ihm.

Es ist wirklich ein langer und mühseliger Prozeß, die Wissenschaft des Absoluten (*Brahma Vidya*) richtig zu verstehen und dann mit Erfolg zu praktizieren, *Brahmand* von Anfang bis zum Ende, von Stufe zu Stufe zu durchqueren - von der physischen Welt der groben Materie bis zur feinstofflichen Welt des Geistes (*Brahm Lok*) der Region, wo die große Täuschung (*maha-maya*) in ihrer feinsten und subtilsten Form regiert. *Brahmand* ist die Offenbarung der Gotteskraft, die der heiligsten Silbe *vedischer* Überlieferung, «OM», innewohnt; somit ist sie hier *akar* oder die Form von OM (*Om-kar*), der *Logos* der Griechen und das *Ek-Onkar* verschiedener Schriften.

Dies ist das höchste Ziel, das der Mensch erreichen kann, heißt es im *Vedanta*, den von den späteren *vedischen* Lehrern und Geisteswissenschaftlern (den *Rishis* der alten Zeiten) übermittelten höchsten Lehren. Sie sind das Ergebnis ihrer intensiven, in der Abgeschiedenheit schneebedeckter Berge und in den Behausungen dichter Wälder erlangten Meditationserfahrungen.

Brahman ist das wahre Leben des Universums, das wie oben beschrieben drei Welten und alles, was in ihnen ist, umfaßt - es ist *Triloki Nath*, der Herr des dreifach erweiterten Lebens in seiner Fülle. In der Form von Aphorismen finden wir ihre weisen Worte als Edelsteine mit reinster klarer Strahlkraft in den wertvollen als *Upanishaden* bekannten Abhandlungen, die man zu Recht als *Vedantas*, die höchsten Stufen oder Teile des *Veda*, betrachtet, die Blüten göttlicher Weisheit, die mit der großen Wahrheit (*Maha Vakya*) schließen: «Das bist du». Dies bedeutet, daß der Mensch von seiner wahren Natur und Wesensart her *Brahman* ist.

Wenn man diese grundlegende Wahrheit erkennt, ruft man unwillkürlich aus: «*Aham Brahm asmi*» - «Ich bin *Brahman*» oder «Ich und mein Vater sind eins» oder: «Denn ich habe nicht aus mir selbst gesprochen, sondern wie der Vater es mir gebot.» (Joh 12,49-50).

Die wichtigste Lektion, die wir dem *Vedanta* verdanken, ist, daß wir alle eins sind - eins in unserem Ursprung, eins in unserer inneren und äußeren Gestalt, eins in unseren Möglichkeiten und Kräften; auch wenn sie verborgen und eingeschlossen sind, können sie doch früher oder später entfaltet werden; der Entwicklungsprozeß oder die Entfaltung des Selbst verläuft für alle im wesentlichen gleich. Dann ist auch das Ziel für die ganze Menschheit ein- und dasselbe, denn wir alle sind Verehrer *Brahmans*. Auf diese Weise geht das ausgeatmete Leben, welches das individuelle Gemüt bildet, in dem eingeatmeten Leben des universalen Gemüts in *Mahat* auf, dem großen Gemüt des Kosmos, dem dritten *Logos* oder der schöpferischen göttlichen Intelligenz, dem *Brahma* der

Hindus, dem *Manjuri* der Buddhisten, dem Heiligen Geist der Christen und dem *Allah-hu* der Mystiker und *Sufi*-Heiligen.

Hier in *Brahm Lok* leben die Seelen lange, und das in unmittelbarer Nähe *Brahmans*; und hier nehmen sie die Liebe, die Intelligenz und die Glückseligkeit dieses Seins oder dieser Kraft in sich auf. Wiederum dauert der Aufenthalt so lange, daß man geneigt ist, ihn für die wirkliche Erlösung zu halten und ihn als die Flamme, die mit der Flamme (*Brahmans*) verschmilzt, bezeichnet. Doch wie lange der Aufenthalt dort auch sein mag, er währt nicht ewig, sondern nur so lange, bis *Brahmand* selbst sich auflöst, bis das universale Gemüt sein Leben zurückzieht und alle Seelen in seinen Schoß aufnimmt, wo immer sie auch sein mögen. Dieses Drama, *Brahmand* genannt, bei dem das Leben seine Hülle erhält und verliert, wiederholt sich immer wieder. Dies gewaltige Schauspiel geht in Ewigkeit weiter. Die göttliche Philosophie schildert es so schön:

> Wie bezaubernd ist die göttliche Philosophie,
> nicht rauh und bitter, wie die Toren glauben;
> sondern wohlklingend wie die Laute Apolls,
> und ein ewiges Festmahl nektargleicher Süße.

Aus *Brahman* gehen die drei großen Mächte, *Brahma*, *Vishnu* und *Shiva*, hervor, die alles, was in der einen oder anderen Form aus Materie oder *maya* besteht, erschaffen, erhalten und zerstören. Diese drei hier entspringenden Kräfte verdanken ihre Existenz Seiner *Shakti* oder *Maha-maya*, Mutter des Universums genannt. Dies ist nicht, wie wir es gemeinhin tun, im Sinne eines Geschlechtslebens zu verstehen, sondern wir können ihre Entstehung mit der des leichten, hauchdünnen Sekrets der Spinne vergleichen, das nicht von außen, sondern aus dem Inneren ihres Körpers kommt oder mit dem Kokon oder einer seidenen Hülle, die sich die Larve aus feinen, selbstgefertigten Fäden spinnt, um sich als Puppe und vor allem als Seidenraupe zu schützen. Auf diese Weise fertigen wir uns im Laufe der Zeit alle möglichen Arten seidener Gewänder mit vielen Mustern und Farben an, um unsere Nacktheit zu verhüllen, und finden Gefallen daran, in geliehenen Kleidern zu verkümmern.

Auch *Nanak* bezieht sich, wenn er über das Funktionieren von Gottes Schöpfung spricht, auf das dreifache Prinzip von Schöpfer, Erhalter und Zerstörer, die stellvertretend den Willen des höchsten Wesens ausführen und dabei nur die ihnen übertragenen Vollmachten ausüben. Es mag zwar seltsam erscheinen, aber ihnen ist es nicht gegeben, Ihn zu erkennen, da sie nur Teil der gegenständlichen Welt sind, während Er das höchste Wesen, subjektiv und formlos ist:

> Die Große Mutter empfing und gebar drei
> Regenten:
> Als ersten den Schöpfer, als zweiten den
> Erhalter und als letzten den Zerstörer.
> Was Er will, vollführen sie.
> Sie arbeiten nach Seinem Willen.
> Doch groß ist das Wunder: obgleich Er über sie
> wacht, schauen sie Ihn nicht.
> Heil, heil, Ihm allein,
> dem Ersten, Reinen, Ewigen, Unsterblichen
> und allezeit Unveränderlichen.

Bei der gewaltigen und unermeßlichen Arbeit, die drei Welten in der Schöpfung in Gang zu halten, einschließlich aller in ihnen enthaltenen Höllen und Himmel, übt *Vishnu*, der zweite Ergänzungsaspekt *Brahmans* im großen Triumvirat oder *trimurti*, die Regierungsgewalt aus. Als *Vishnu* einmal gefragt wurde, wie er ein solch großes Schauspiel leiten und für die zahllosen seiner Obhut anvertrauten Seelen solch wohldurchdachte Vorkehrungen treffen könne, so daß diese in den höheren und niederen Welten seines Herrschaftsbereiches alle Arten von Freuden und Leiden erführen, lächelte er nur und sprach: «Oh, da muß ich nichts tun, denn wer immer eine meiner Welten betritt, bringt seine Last von Schmerzen und Freuden mit und schafft sich dadurch seine Hölle und seinen Himmel sowohl auf Erden als auch im Jenseits. Was immer ein jeder in einem meiner Reiche benötigt, beschafft er sich selbst. Ich schaue ganz einfach unbeteiligt am menschlichen Drama zu, ob der Fall tragisch, komisch oder tragikomisch ist. Jeder enthüllt, was in ihm verhüllt liegt.» So läuft die göttliche Maschinerie automatisch, aus eigenem Antrieb und ganz von allein, nur nach Seinem Willen.

Brahman ist eine große Kraft, zu groß als daß sie das menschliche Gemüt fassen könnte, und nur die Heiligen kennen das Jenseits und können glaubwürdig darüber sprechen - nicht die uns bekannten, sondern die Heiligen vom Stande eines *Sant Satguru*, die durch die Wahrheit befugt und beauftragt sind - die Wahrheit, die von Anbeginn bestand, die jetzt ist und auch in Zukunft sein wird, um die Menschheit zu lehren und solche strebenden Seelen in die Mysterien des Jenseits einzuführen und in einen Zustand darüber hinaus - Seelen, die reif sind, die ursachelose Ursache aller Dinge, die in jede der Welten hineinwirkt, richtig und genau zu verstehen, und die bereit sind, als befreite Wesen (*jivan mukats*) ein Leben des Geistes zu führen, während sie noch im Körper sind: «Ein *jivan mukat*», sagte *Nanak*, «ist einer, der sich auf die Kunst des 'Sterbens im Leben' versteht und sie praktiziert, und wenn er von der Bühne hier abtritt, verläßt er sie für immer und kehrt nie mehr zurück.» Dies ist die Lehre des *Para Vidya*, des Wissens vom Jenseits.

Daneben gibt es viele Arten von Lehrern des *Brahma Vidya*, das seiner Natur nach *apara* ist und den Weg für *para* bahnt. Sie alle zeigen den Menschen die Wege zu *Brahman*, jedem entsprechend seinen Fähigkeiten. Die Erlöser und Propheten Gottes sagen im allgemeinen das Kommen wichtiger Ereignisse voraus, bringen den Menschen bei, ein Leben in Gott zu führen, und übermitteln ihnen Nachrichten und Botschaften von Gott (*Brahman*). Die *Avatare* sind die Verkörperungen der verschiedenen Kräfte *Brahmans* und haben die Aufgabe, die Welt in Ausgeglichenheit und Ordnung in Gang zu halten, damit das soziale Gleichgewicht zwischen Rechtschaffenheit und Unrecht bewahrt bleibt. Die *Yogis* und *Yogishwars* bleiben im Bereich ihrer Gemütskraft, *yog maya*, und führen ihre Initiierten bis zur höchsten Stufe, die innerhalb ihrer Yogikräfte liegt.

Brahm Lok hat viele Unterebenen, die *Puris*, *Bhavans*, *Tabaqs* oder Bezirke genannt werden, wovon jede der einen oder anderen Kraft *Brahmans* wie *Brahma Puri*, *Vishnu Puri*, *Shiva Puri*, *Indra Puri* und so weiter zugeteilt ist. Die Seelen derjenigen, die diese in ihrer Gesamtheit *Brahman* genannten Kräfte verehren, fühlen sich unwiderstehlich zu diesen hingezogen, und im Laufe der Zeit wird jeder zu dem Ort seiner Bestimmung, dem er angehört, gezogen.

Die alten Griechen sprechen von diesem dreifachen Aspekt der Gottheit als von den «drei Schwestern des Spinnrades»; eine ist damit beschäftigt, für alle den Lebensfaden zu spinnen, die zweite, ihn zu verzieren und zu verschönern, und die dritte, ihn abzuschneiden, wenn die zugeteilte Zeit zu Ende gegangen ist. Ähnlich finden wir in der christlichen Theologie den ersten Logos, das Schöpfungsprinzip in der Natur, sowie den zweiten und dritten Logos, die ihre ähnlichen Aufgaben erfüllen. Dies ist die berühmte Lehre von der Dreieinigkeit, Vater, Sohn und Heiliger Geist.

Wo alle Philosophien der Welt enden, beginnt die wahre Religion. Erst nachdem die Seele als «Bewohner des Körpers» ihre wertlose Persönlichkeit, welche die drei Hüllen oder

Instrumente von Körper, Gemüt und Intellekt umfaßt, abgeworfen hat und wieder zu einem Wesen in seiner ursprünglichen Einfachheit, zu einem ungeteilten Ganzen, dem großen unsterblichen Baum geworden ist, der trotz des ständig wechselnden Lebenspanoramas in seiner Umwelt immer grün und frisch bleibt - erst dann durchbricht die Seele das Zaubergebäude aus vielfarbigen Spiegeln, übersteigt das aus den drei *Gunas* bestehende «*Ei Brahmans*» und rettet sich in das Jenseits. Wie ein neugeborener Phönix, der sich mit frischer Jugend und neuer Kraft aus der Asche seines früheren Ichs emporhebt, muß man auch selbst wieder neugeboren werden, um das vor einem liegende Leben aus dem Geist führen zu können.

Die mentale Welt zu durchqueren, ist nicht so leicht, wie es denen, die mit den Mysterien des Jenseits nicht vertraut sind, erscheinen mag. Sie ist die irreführendste Welt, der selbst *Mahatmas*[4] und *Rishis* trotz all ihrer Gelehrtheit und Enthaltsamkeit nicht standhalten können. Was gibt es in dem unermeßlichen Universum, das *Brahman* nicht gerne den aufrichtigen Seelen anbieten würde, die bemüht sind, dem Machtbereich dieser mentalen Welt zu entkommen und die wahre Heimat ihres Vaters zu erreichen! Auf jeder Stufe, sei es in der physischen, der astralen oder mentalen Welt, sucht sie den strebenden Seelen den Weg zu versperren. Die großen Propheten und Gesandten Gottes und alle anderen haben ihre Erfahrungen über die heftigen Kämpfe mitgeteilt, die sie mit Satan, *Mara*, *Ahirma*, mit bösen Geistern, *Asuras*, Dämonen und deren Vertretern in vielfältiger Weise im Guten wie im Bösen gemacht haben. Diese versuchen, die Wahrheitssucher auf ihrem Weg für sich zu gewinnen, indem sie ihnen weltliche Königreiche und Fürstentümer zusichern. Erliegen sie ihren Versuchungen jedoch nicht, bedrohen sie sie mit

[4] *Mahatma*: große Seele

Gewalt durch Feuer und Erdbeben, durch Spaltung des Firmaments, durch Donner, Blitz und Wolkenbrüche und dergleichen mehr. Unter solchen Umständen kann man den Prüfungen und Drangsalen nur standhalten, wenn man seinen *Guru* oder *Murshid* an seiner Seite hat; denn die Gurukraft zieht die Schülerseele dann zu sich, nimmt sie in sich auf und bringt sie auf den Pfad des «klingenden Lichts». Für jede Seele setzt *Brahman* alles ein und läßt nicht von ihr ab, bis er überzeugt ist, daß der Sucher an dem Schutz der Meisterkraft (an *Akal* oder dem Zeitlosen) festhält. Sehen wir nicht auch in der äußeren Welt, daß die Herrscher und Regierungen eines Staates ihre Grenzen schließen, um die unerlaubte Auswanderung ihrer Bürger zu verhindern, und daß sie Gesetze erlassen, um eine solche Abwanderung in Schranken zu halten?

> Groß ist in der Tat die Macht der Zeit, und
> niemand kann sie bezwingen;
> dennoch hat die Zeit tödliche Angst vor der
> zeitlosen Musik,
> Laßt sie sich in der göttlichen Harmonie
> verlieren!

An anderer Stelle haben wir eine Beschreibung *Guru Nanaks* von *Dharm Khand* wiedergegeben. Danach beschreibt der große Lehrer die weitere Reise der Pilgerseele durch die verschiedenen Ebenen, die in *Sach Khand* ihren Höhepunkt erreicht.

Die beiden *Dharm Khand* folgenden Regionen nennt er den Bereich der Erkenntnis (*Gyan Khand*) und den Bereich der Verzückung (*Sarm Khand*). In der ersteren dehnt sich das Blickfeld der Seele unermeßlich weit aus, denn sie erfaßt mit einem Male die vielfältige Natur aller geschaffenen Dinge in ihrer unendlichen Fülle an Formen und Erscheinungen und versteht die unverrückbaren Gesetze des Wirkens der Natur. In der letzteren erhält die Seele, von der Kraft des Wortes angezogen, einen Vorgeschmack und Einblick in das wahre Wesen der Dinge.

Als nächstes kommt der Bereich der Gnade (*Karm Khand*). Gereinigt durch das heilige Wort ist die Seele für alle Zeiten frei, selbst von den schwächsten, kaum wahrnehmbaren, undeutlichen Spuren der Materie, den unbewußten Einlagerungen. Die Materie blendet nicht länger das Auge und man wird sich Gottes völlig bewußt, indem man sich dem reinen absoluten Sein des Wortes gegenübersieht, dem Licht des Lebens, aus dem *Brahmand* und alle darin enthaltenen Welten hervorgehen.

Endlich in *Sach Khand*, der Wohnstatt der Wahrheit angekommen, verwirklicht die Seele umfassend die vollkommene Einheit und Harmonie, wie es dem Willen Gottes entspricht. «Alle Herzen, die von Gott erfüllt sind, leben außerhalb der Reichweite von Tod und Täuschung. Alle sind dazu bestimmt, nach Seinem Willen zu handeln... diese Schönheit zu beschreiben, hieße, Unmögliches zu versuchen.» Dieses Sich-Erheben der Seele in das Überbewußtsein wird, wie bereits gesagt, ewiges Leben genannt, aus dem es keine Rückkehr gibt.

Was *Guru Nanak* oben beschrieben hat, fällt in den Bereich unmittelbarer, subjektiver innerer Erfahrung (*vijnana*), im Unterschied zu theoretischem Wissen (*jnana*), das der Meister dem Schüler durch die richtige Auslegung der Schriften erklärt und vermittelt. Ein vollendeter Meister vereinigt alle Schriften in sich und noch mehr. Immerhin sind die Schriften Berichte über die Erfahrungen Heiliger, die von Zeit zu Zeit kamen, um der Menschheit die Wege Gottes zu zeigen. Natürlich können wir die Schriften lesen, sofern wir die alten Originalsprachen ausreichend beherrschen. Trotzdem können wir weder ihre wirkliche Bedeutung erfassen noch die offensichtlichen Verschiedenheiten in eine sinnvolle Übereinstimmung bringen oder gar die Widersprüche in den Schrifttexten der unterschiedlichen Religionen erklären. Derjenige, der zur inneren Quelle Zugang hat, aus der das Leben und der Geist all dieser Texte hervorgehen, und die natürlich allen Menschen gemeinsam ist, macht uns durch sein inneres Ersthand-Wissen die Dinge in einer für ihn und uns einfachen Art verständlich.

Es heißt, daß Gott dem Menschen in der Gemeinschaft eines Heiligen näherkommt, denn durch ihn spricht Gott selbst. Da wir alle auf die eine oder andere Weise an die Schriften gebunden sind, nützt der Meister diese verschiedenen Zeugnisse in vollem Umfang aus; sie kommen ihm für sein Werk der spirituellen Erneuerung sehr gelegen, damit er die verschieden gearteten Menschen in jedem einzelnen Fall den Weg des geringsten Widerstandes richtig führen kann.

Ein *Murshid-i-Kamil* gibt sich nicht damit zufrieden, bloß theoretisches Wissen weiterzugeben. Er vermittelt eine praktische Erfahrung dessen, worüber er spricht, und darin liegt seine Bedeutung. Wer auf der Ebene der Seele von dem, was er auf der Ebene des Verstandes darlegt, keine wirkliche Erfahrung geben kann, ist kein Meister im eigentlichen Sinn des Wortes, und seine Worte haben weder Gewicht noch Überzeugungskraft.

Ein *Satguru* ist wahrlich die personifizierte Wahrheit, Gott im Gewand des Menschen. Seine Mission ist es, die menschlichen Seelen zur wahren Heimat seines Vaters, zur Wahrheit (*Sat*) zu führen, die die Wohnstatt der Wahrheit (*Sach Khand*) genannt wird. Sie ist die erste große Aufteilung, die durch Seinen Willen geschaffen wurde und daher als Region des reinen Geistes ewig und unzerstörbar ist. Der Pfad der Meister ist ein erhabener Weg, der von der rein physischen, materiellen Welt in das rein geistige Reich jenseits aller Dualität und Gegensätze führt. Der *Satguru* sagt:

> Bewegt euch in dem unermeßlichen Meer des Lichts.
> Eure Vollendung liegt in eurem Herzen.
> Geht weiter und immer weiter,
> bis keine Spur des Menschlichen mehr übrig ist.
> Das Licht kennt keine Grenzen.

Sein Pfad kennt weder Himmel und Höllen noch Mühen und Leid, er gleicht einer Prachtstraße voller Blüten und ist «von himmlischen Lichtern und herzergreifenden Weisen göttlicher Harmonie erfüllt»; und als Höhepunkt kommt Er selbst als treuer Freund und unfehlbarer Führer, in all Seiner Herrlichkeit in strahlendem Glanz und begleitet die Pilgerseele in das große Jenseits. Dabei unterrichtet er sie beim Weitergehen im Leben des Geistes, erklärt die Schönheiten des Pfades, ist auf der Hut vor Fallen und warnt uns vor scharfen Krümmungen und Windungen unterwegs.

Gleich von Anfang an wird dem Schüler beigebracht, wie man sich aus dem Körper zurückzieht und sich über das Körperbewußtsein in höhere Regionen erhebt. Der innere Mensch muß sich aus seiner derben körperlichen Umhüllung herausziehen, so wie man ein Haar aus der Butter zieht, denn es ist die Seele im «Lichtkörper», um einen neuplatonischen Ausdruck zu gebrauchen, die sich erhebt, um das Selbst zu finden. In der *Manduka-Upanishad* lesen wir:

> Nicht mit dem Auge, nicht durch Reden, nicht
> durch die Sinne, nicht durch Enthaltsamkeit,
> nicht durch religiöse Riten, Rituale und

Zeremonien ist Er zu erfassen, sondern durch heitere Weisheit sieht das reine Wesen in der Meditation den Ungeteilten Einen.

So sagen die westlichen Gelehrten:

> Wahres Glück kommt nicht auf der Straße der Sinne, da es jenseits der Sinne liegt. Grenzenlose Freude können wir nur unser nennen, wenn wir uns über die Sinne zu erheben vermögen und die erhabene Schau erlangen, die dem Reinen zuteil wird.

Kurz gesagt, die göttliche Weisheit ist gleichzeitig die Wissenschaft und die Kunst der Seele, und nur ein ganz auf Gott ausgerichteter Heiliger, der sich in beiden gut auskennt, kann uns das Rätsel von Leben und Tod lösen, indem er uns eine Ersthand-Erfahrung vom «Tod im Leben» gibt und dadurch über jeden Zweifel erhaben folgendes beweist:

> Das Leben ist eine reine Flamme, und wir leben durch eine unsichtbare Sonne in uns. Was haben Leben und Tod mit Licht zu tun? Nach dem Bilde meines Lichts habe ich dich erschaffen. Die Abhängigkeit zwischen Leben und Tod gehört zur Traumwelt des Kosmos. Schaue dein traumloses Sein.
> Die Schöpfung ist Licht und Schatten in einem, denn anders ist kein Bild möglich. Nur wenn ihr versteht, daß ihr nichts seid, wird die Finsternis erhellt und die Leere fruchtbar. Erst am Berg der Verklärung werdet ihr die Offenbarung erlangen und die

> Verschmelzung von Himmel und Erde erfahren.

Die Vollkommenheit zu verehren ist der höchste Bildungsstand im Leben, und nur ein Vollendeter kann durch Übertragung seines eigenen Lebensimpulses die Seele von den Fesseln des Gemüts und der Materie befreien und Einblick in die erhabene Wirklichkeit gewähren. Nur wer gleich bei der ersten Meditationssitzung das innere Auge für einen Blick auf das heilige Licht des Himmels mehr oder weniger öffnen kann, hat das Recht, ein vollendeter Heiliger und ein wahrer *Guru* genannt zu werden. Von einem solchen sagt *Shankara*:

> Es gibt nichts in den drei Welten, was mit einem wahren Guru verglichen werden kann. Wenn man von dem Stein der Weisen annimmt, daß er wirklich ein solcher ist, kann er doch nur Eisen in Gold und nicht in einen anderen Stein der Weisen verwandeln. Der verehrte Lehrer dagegen macht den Schüler, der zu seinen Füßen Zuflucht sucht, sich selbst gleich. Der Guru ist daher unvergleichlich, ja allesdurchdringend.

Guru Arjan sagt über seinen Meister *Guru Ram Das*: «Ich habe ganz Brahmand durchforscht, aber nicht einen gefunden, der meinem Meister gleichkäme.» Und zuletzt meinte er: «Gott (*Hari*) scheint mir den Namen von Ram Das angenommen zu haben.»

In der Alltagswelt sind wir alle sehr beschäftigt, wirklich sehr beschäftigt, zu beschäftigt, um an Gott zu denken oder gar die Gegenwart des lebendigen Gottes nachzuvollziehen, und noch viel weniger, um in Seiner heiligen Gegenwart zu leben. Wenn wir trotzdem dann und wann von Ihm reden und sprechen, Ihn verehren und Gebete an Ihn richten, tun wir das nicht, um Ihn um Seiner selbst willen zu gewinnen oder um unseretwillen Gehör bei Ihm zu finden, sondern nur, weil wir Gefälligkeiten von Ihm wünschen, eine leichte und schnelle Befreiung von unseren Schwierigkeiten erhalten und Prüfungen und Drangsalen entgehen wollen.

Wenn wir es aber nun bisweilen doch ernst mit Gott meinen, versuchen wir, Ihn in unserer irdischen Umgebung, in den schneebedeckten Gebirgshöhlen, im brennenden Wüstensand, in den Tiefen der heiligen Seen und Flüsse zu finden und verehren Ihn daher in den elementaren Kräften der Natur wie der aufgehenden Sonne, dem luftleeren Raum über den Gewitterwolken, im Morgen- und Abendstern, und schlimmer noch, in den Höhlungen der Bäume, in den Fischen des Meeres und den Vögeln der Luft. Kein Wunder, daß wir Ihn trotz all unserer Anstrengungen nicht finden! Gott selbst hat erklärt: «Ich bin so groß, daß mich die ganze Welt nicht fassen kann, die Himmel als Stütze für mich nicht ausreichen und die Erde kein Ort ist, wo ich mich niederlassen kann; aber so seltsam es auch erscheinen mag, ich wohne in dem Herzen eines Heiligen. Wünschst du mich zu sehen, suche mich dort, und du wirst mich finden.»
Kabir sagt ebenfalls:

> Wie kannst du die Wirklichkeit finden, wo sie nicht ist? Suche das Wirkliche, wo die Wirklichkeit wohnt,
> halte dich an den, der das Wirkliche kennt,
> und er wird dich augenblicklich zu Ihm bringen.

Dies ist nun der Weg zur Selbsterleuchtung. Der scheinbar komplizierte und langwierige Vorgang wird durch die Gnade eines vollkommenen Meisters (*Sant Satguru*) vereinfacht. Er hält den Zauberstab bereit, das «Sesam, öffne dich!», das seinen Zweck erfüllt und Zugang zum Unzugänglichen verschafft.

> Wer über *Sat Lok* hinausgelangt,
> kennt den Unbegreiflichen und Unaussprechlichen.
> Im Namenlosen leben die Heiligen,
> der Sklave *Nanak* findet Frieden in Ihm.

Wir sehen also, daß man das ewige, vom endlosen Kreislauf der Geburten, Tode und Wiedergeburten freie Leben gewinnt, wenn man gelernt hat, während des Lebens bewußt und freiwillig zu sterben. Die Heiligen preisen daher einen solchen Tod über alles und lehren uns, wie man die verschiedenen Ebenen überquert, ins Jenseits gelangt und so das uns zur Zeit verlorengegangene Reich Gottes wiedergewinnt, das uns von Geburt an zusteht. Es liegt in unserer Reichweite, wenn wir auf sie hören, ihre Lehren annehmen, ihnen gewissenhaft und mit bereitwilligem Gehorsam folgen. Nach dem Tod hat jeder von uns blind in einen Zustand äußerster Not und Hilflosigkeit zu gehen.

Die heiligen Schriften auf der ganzen Welt versprechen eine hohe Belohnung für das Durchqueren des Grenzlandes zwischen Leben und Tod auf dieser Seite der Welt und danach zwischen Tod und Leben auf der anderen Seite:

> Warum nicht schon während des Lebens dort festen Fuß fassen, wohin du nach dem Tod zu gehen hast?
>
> Sri Rag M.1

> O *Nanak*, lerne zu sterben, solange noch Zeit ist,

denn wahrlich, das ist wirklich ein echter
Yoga.

Suhi M.1

Stirb und bleibe tot für die Welt,
Einen solchen Tod erfahre ich viele Male am
Tag.

Kabir

Mit der Gnade des Meisters kann man das
Gemüt überwinden; bezwingst du das Gemüt,
wirst du den Herrn mit Sicherheit finden.

Kabir

Sei tot, noch während du lebst, und sei frei
ohne Furcht, mit einem kompetenten Meister
an deiner Seite gibt es nichts zu bereuen.

Kabir

Reicher Gewinn wird dir zuteil, wenn du zu
sterben weißt, ehe dich der Tod überrascht.

Bulleh Shah

Shabd oder der immerwährende Lebensstrom
ist die einzige Hilfe auf diesem Pfad:
In *Shabd* sterben wir, gehen wir auf, in *Shabd*
leben wir für immer ohne Angst vor dem Tod,
dies ist das wahre Wasser des Lebens, das eine
vortreffliche Seele durch Seine Gnade erhalten
kann.

Sorath M.3

Was gibt der Meister? Er offenbart den ewigen Tonstrom, der das Leben des Universums ist und in dem wir alle leben.

Überlassen wir uns diesem hörbaren Lebensstrom, können wir während dieses Lebens die verschiedenen Seinsebenen überqueren und auf Wunsch in die physische Ebene zurückkehren.

> Ohne die Hilfe von *Shabd* kannst du nicht aus der irdenen Form entkommen. Es gibt keinen anderen Weg außer diesem.
>
> *Soami Ji*

Erlösung oder ewiges Leben kann man nicht durch Taten erwerben, wie rechtschaffen und lobenswert sie auch an sich oder in den Augen der Welt sein mögen. Es ist allein ein Geschenk durch die Gnade eines Gottmenschen, in dem die Gotteskraft in ihrer ganzen Fülle wirkt. «Denn aus Gnade seid ihr selig geworden..., und das nicht aus euch: Gottes Gabe ist es, nicht aus Werken, damit sich nicht jemand rühme.» (Eph 2,8-9). «Er macht uns selig nicht um der Werke der Gerechtigkeit willen, die wir getan haben, sondern nach seiner Barmherzigkeit durch das Bad der Wiedergeburt und Erneuerung des heiligen Geistes.» (Titus 3,5). «Und in keinem anderen ist das Heil, auch ist kein andrer Name unter dem Himmel den Menschen gegeben, durch den wir sollen selig werden.» (Apg 4,12). «Denn es ist erschienen die heilsame Gnade Gottes allen Menschen» (Titus 2,11), und Seine Gnade wird auch in Zukunft erscheinen, solange Gott besteht und Seine Schöpfung die Erde bevölkert.

Dies ist also der Weg zum ewigen Leben: man lebt im Lebensprinzip selbst, immer in Verbindung mit dem heiligen Wort, dem Willen Gottes (*Hukam*); und es gibt keinen anderen Weg als diesen, so sehr man auch danach suchen mag. Doch die Offenbarung des Gottespfades in den lebendigen Lebensfäden im Inneren, dem heiligen Licht und der Stimme Gottes, hängt einzig von der Gnade eines Gottmenschen ab, eines Heiligen, der das Wort verkörpert und dem alle Dinge vom Vater übergeben sind und von dem geschrieben steht: «Und niemand kennt den Sohn als nur der Vater; und niemand kennt den Vater als nur der Sohn und wem es der Sohn offenbaren will.» (Mt 11,27).

Immer wieder kommen große Seelen in die Welt, um uns an unsere Heimat zu erinnern. Sie verkünden mit weckendem Ruf, daß diese Welt nicht unsere wirkliche Bleibe ist. Wir sind nur für kurze Zeit hier wie Reisende in einem großen Gasthaus und müssen uns daher auf die Abreise vorbereiten, je eher wir das tun, umso besser. Deswegen müssen wir für das Himmelreich arbeiten und das ewige Leben erlangen. «Dein Reich komme auf Erden wie es im Himmel ist.» Und von diesem Reich heißt es: «Das Reich Gottes kommt nicht so, daß man es an äußeren Zeichen erkennen könnte. Denn das Reich Gottes ist mitten unter euch.» (Luk 17,20-21). Und dieser Körper ist wahrlich der Tempel des heiligen Geistes, und der heilige Geist wohnt darin. Darum ermahnen uns alle Weisen und Seher:

> Der Ort, den du am Ende verlassen mußt, hält
> dich am meisten gefesselt. Wenig weißt du von
> der Stätte, an der du für immer weilen sollst.
>
> *Nanak*

> Der Himmel (*Arsha*) ist deine wahre Wohnstatt, meine Seele;
> schäme dich, daß du in die irdene Form
> verfangen bist.
>
> *Shamas-i-Tabrez*

> Du, mein Herr, wohnst in Deiner Heimat,
> während ich hier im Staube krieche.
>
> *Nanak*

Dein Platz ist dort, wo die Erde nicht ist,
weshalb hältst du an der Erde fest?

Soami Ji

Das menschliche Leben ist nur ein Hauch,
warum nicht in Verbindung leben mit dem
ewigen Wort?

Kabir

Jene, die mit dem Wort verbunden sind,
deren Mühen werden enden.
Und ihr Antlitz wird voller Glanz erstrahlen.
Nicht nur werden sie erlöst sein, o Nanak,
sondern viele mehr werden mit ihnen die
Freiheit finden.

Nanak

Weitere Werke von Kirpal Singh

DIE LEHREN KIRPAL SINGHS
Band 1: Der heilige Pfad
Band 2: Selbstprüfung und Meditation
Eine Auswahl aus Schriften von Sant Kirpal Singh über alle wichtigen Gesichtspunkte des spirituellen Weges

RAD DES LEBENS
Über Karma oder das Gesetz von Ursache und Wirkung

MORGENGESPRÄCHE
Herz-zu-Herz-Gespräche über das Wesen der Liebe

GOTTMENSCH
Die Bedeutung eines kompetenten spirituellen Lehrers

KRONE DES LEBENS
Die verschiedenen Yogalehren und der Weg der Meister

WAS IST SPIRITUALITÄT

DAS GEBET
Sein Wesen und seine Methode

DAS JAP JI
Die Botschaft Guru Nanaks - übertragen und kommentiert von Sant Kirpal Singh

Verlagsverzeichnis bitte anfordern:
NAAM-Verlag, Wiesenweg 4, 8501 Cadolzburg,
Tel. 0.91 03/4 06.